Johannes Franck
Gestalt-Gruppentherapie mit Kindern

*Mein besonderer Dank gilt Katharina Martin,
in deren Gestaltseminaren ich die meisten Anregungen
für meine Arbeit erhalten habe.*

Johannes Franck

Gestalt-Gruppentherapie mit Kindern

Arbor Verlag
Freiamt

1. Auflage 1997
© copyright Arbor Verlag, Freiamt
Druck und Verarbeitung: Ebner Ulm
Titelfoto: Johannes Franck
Alle Rechte vorbehalten
ISBN 3-924195-28-5

Inhalt

Vorwort 7

Konzeptioneller Teil

Einführung 15
Kinder 23
Grundschulkinder 31
Der therapeutische Ansatz 41
Störungen 49
Die therapeutische Haltung 57
Die therapeutischen Interventionen 63
Situative Elternarbeit 71

Praxisteil: Der Gruppenprozess

Die Anfangsphase und ihre Voraussetzungen 79
Das Leben in der Höhle und am Herd 89
Die Zeit der Prinzessinnen und Helden 95
Die Zeit der Jäger, Sammler und Baumhausbauer 105
Die Zeit der Entwöhnung und des Abschlusses 113

Beschreibung der Räumlichkeiten und Materialien 117
Wieder ein Beginn 121
Lena und Lukas – zwei Kinder und ihre Entwicklung . 125
Ausblick 137
Bilder aus den Gruppen 145
Anmerkungen 155
Literatur 157
Zum Autor 159

*Es ist Neigung, niemals Gebot, niemals Pflicht,
was zum Spiele treibt.
Das Kind ist sein eigener Lehrer und Schüler.
Ein Verhältnis von solcher Harmonie und Fruchtbarkeit
wird ihm später schwerlich wieder zuteil werden.
Es fühlt kein Ziel, es fühlt keinen Zweck.
Alles ist, sei es versonnen oder wild,
immerwährende Heiterkeit.*

GERHART HAUPTMANN

Vorwort

In den folgenden Kapiteln versuche ich, den Gestaltansatz von Fritz Perls im Hinblick auf die Arbeit mit Kindern zu durchdenken und von meinen Erfahrungen mit Kindergruppen zu berichten. Außer Studien, die sich vorwiegend mit methodischen Anregungen zur Arbeit mit Kindern befassen[1], ist mir nichts bekannt, was sich konsequent mit dem Gestaltansatz für die Arbeit mit Kindergruppen auseinandersetzt.

Nun habe ich anfangs der siebziger Jahre versucht, emanzipatorische und antiautoritäre pädagogische Arbeit mit Kindern zu praktizieren. Es mag die Lektüre dieser Veröffentlichung erleichtern und das, was ich sagen möchte, verständlicher machen, wenn ich im Rückblick auf meine eigene Entwicklung darstelle, was meine heutige Gestaltarbeit mit Kindern von der Arbeit vor zwanzig Jahren unterscheidet.

Mein Arbeitsfeld 1970 war Bildungsarbeit mit Kindern, Jugendlichen und Erwachsenen im Rahmen der Kirche. Meine damaligen Konzepte von Gruppenarbeit waren, wie auch andernorts, von einem aufklärerischen und sozialen Ethos getragen. Das hatte mir die Studentenbewegung vermittelt. Neben dem bekannten Buch zur antiautoritären Erziehung von Neill waren mir die Gedanken von I. Illich wichtig geworden, wie sie damals u.a. von H.v. Hentig in der Bundesrepublik publik gemacht wurden [2]. Im wesentlichen enthielten sie Hinweise auf Schul- und Lernmodelle, in denen den Lernenden die Möglichkeit gegeben wird, ihre Lernprozesse autonom zu organisieren, selbstbestimmt und nicht fremdbestimmt durch die Person eines Lehrers oder Gruppenleiters. Die Aufgabe des Gruppenleiters bestand darin, Material und Hilfen für diese selbständigen Lernprozesse bereitzuhalten und sie denen zur Verfügung zu stellen, die sie abrufen. Der Lehr-Lernprozess war für den Leiter selbst Übungs- und Lernfeld. Er erhielt Anregungen durch die Kreativität und die Lernfortschritte der Gruppenmitglieder.

Die sich damals auch in der Bundesrepublik entfaltende gruppendynamische Bewegung, – vermittelt durch Multiplikatoren, die in den USA gelebt hatten –, sorgte dafür, daß neben der rationalen auch die emotionale Ebene der Lehr-Lernprozesse mit einbezogen wurde. Ich erinnere mich an die tiefgreifenden Erlebnisse, die mir das erste Sensitivity-Training für meine persönliche Entwicklung und meine Gruppenarbeit vermittelte. In die emanzipatorische Gruppenarbeit mit Kindern hielt das Rollen- und Theaterspiel Einzug. Die eigene Rolle wurde zum Thema von Spielvollzügen und Bewegungsübungen. Damit wurden auch die kreativen Veränderungsmöglichkeiten entwickelt, wie sie der revidierte Rollenbegriff in pädagogischer und therapeutischer Hinsicht nach sich zieht.

Für mich war zum damaligen Zeitpunkt nur eine Arbeit mit Kindergruppen denkbar, die sich in das angedeutete Koordinatensystem autonomen und emanzipatorischen Lernens einordnen ließ. Ich hatte – so glaubte ich – den Funken entdeckt, der Ziele zum Aufleuchten brachte, die Sinn und

Vorwort

Freude machten, mit Kindern, Jugendlichen und Erwachsenen zu arbeiten. Auch in meiner Tätigkeit als Fachhochschullehrer war ich bemüht, den Studierenden Räume für selbstorganisierte Lehr-Lernprozesse anzubieten. Zulauf und Zustimmung war hier und dort – in der Arbeit mit Kindern und in der Arbeit an der Hochschule – so intensiv, daß in der gemeinsamen Arbeit ein Eros zu spüren war, und der häßliche Graben zwischen Gruppenleitung und Gruppenmitgliedern schien zugeschüttet, was das gemeinsame Anliegen des Lernens betraf.

Trotz des intensiven Zuspruchs, dessen sich meine Gruppenarbeit erfreute, machte ich die Beobachtung, daß im Laufe der Jahre die Distanz der Kinder und Jugendlichen allen institutionalisierten Angeboten gegenüber, und das war neben der Kirche in erster Linie die Schule, immer größer wurde. Die Kinder kamen regelmäßig und pünktlich, wenn es Gruppenangebote waren, deren Inhalte sie selbst mitbestimmen konnten. Sie waren bereit, hierfür Zeit, Kraft und Geld zu investieren. Die gottesdienstlichen Angebote der Kirche wurden gemieden, die Schulmüdigkeit von sensiblen Problemkindern war im Wachsen begriffen, so wie in den achtziger Jahren auch die Skepsis politischen Institutionen gegenüber immer größer wurde.

Das hatte seine Ursachen darin, daß die Verantwortlichen dieser Institutionen der emanzipatorischen Arbeit mit Kindern und Jugendlichen sehr skeptisch gegenüberstanden. Sie vermochten nicht das soziale Ethos dieser Gruppenarbeit anzuerkennen. Die Machtträger in Kirche und Schule wollten es immer noch nicht wahrhaben, daß es an der Zeit war, auf bestimmte Machtstrukturen zu verzichten. Es scheinen die Liebe und das Vertrauen zu fehlen, jeden, auch im Bereich der Religion, seine eigenen Erfahrungen und Lernfortschritte machen zu lassen. Jeden seinen Weg finden zu lassen, verlangt Vertrauen in die menschlichen Potentiale. Die vielen Möglichkeiten, die sich entwickeln können, habe ich immer als religiösen und menschlichen Reichtum und als Ausdruck persönlichen freien Wachstums erlebt.

Diese Erkenntnis war für mich eine Art Aufforderung, auch in meiner Gruppenarbeit nach meiner Offenheit, Geduld und Verständnisbereitschaft für den anderen zu fragen. So verbot sich mir der Weg in neue Dogmen oder Ideologien, als ich mich auf den mühevollen Weg machte, die, wenn auch starren so doch auch schützenden Mauern von Institutionen wie die der Kirche hinter mir zu lassen. Die inneren Barrieren erwiesen sich im Laufe dieses Prozesses als die schwierigeren. Ich kann nicht sagen, daß mir dabei die gestalttherapeutische Ausbildung viel weiter geholfen hätte. Wohl aber waren es einzelne Menschen. Ich beobachtete mit Faszination, daß Kinder oft frei von Mustern waren und die Fähigkeit besaßen, vertrauensvoll zu sehen und zu handeln.

Vielleicht läßt sich rückblickend sagen, daß für mich in der Zeit der antiautoritären und emanzipatorischen Arbeit mit Kindern die Machbarkeit und die Erreichbarkeit von Zielen sehr im Vordergrund standen. Zwar wollte ich Kindern und Jugendlichen in den Gruppen nicht etwas „beibringen", das ich schon vorher für sie festgelegt hatte. Es war mir ernst mit der gemeinsamen Organisation von Lernprozessen. Ich war bereit, nicht nur mit dem anderen in der Gruppe zu lernen, sondern auch von ihm zu lernen und seine Sichtweise kennenzulernen. Entscheidend schien mir auch das Verständnis, daß es wichtig sein könne, nicht nur innerlich Ziele zu entwickeln, sondern vor allem äußerlich sichtbar zu handeln, sich einzusetzen und zu kämpfen.

Ich war in den achziger Jahren im weniger weltanschaulich belasteten Bereich des öffentlichen Dienstes tätig geworden. Im Rahmen meiner Beratungsarbeit mit Kindern und Eltern hatte ich ein wichtiges Erlebnis mit einem Grundschulkind, einem neunjährigen Jungen. Er war bei uns auf-

Vorwort

getaucht, weil es in der Schule und im Elternhaus Schwierigkeiten mit seinem Lernverhalten und seiner Disziplin gab. Niemand hatte bisher seine unverkennbaren kreativen Fähigkeiten gewürdigt. In den Stunden bei mir interessierte er sich nur wenig für das herkömmliche Spielzeug, das im Spielzimmer auslag. Vielmehr entdeckte er für sich ganz neue Spielmaterialien, die er auch auf seine eigene Weise einsetzte. Er griff nach kleinen und großen Spiegeln, die in der Puppenecke lagen, und begann mit ihnen das Sonnenlicht einzufangen, die Strahlen zu bewegen und in dunkle Teile des Raumes weiterzuleiten. Daraus entwickelte er Figuren und Bewegungsspiele. Schließlich bezog er mich in seine Aktivitäten ein und regte Fangspiele an, bei denen sich Lichtpunkte begegneten, verfolgten, versteckten und wieder auftauchten. Zu den Taschenspiegeln gesellten sich Gläser aus der Küchenecke des Spielzimmers, durch die man die Lichtstrahlen brechen und in vielen Farben aufleuchten lassen konnte. Weiter entdeckte das „Problemkind" die Möglichkeiten, die sich ergaben, wenn der Wind zum Fenster hereinblies und er Papierfetzen, die an Zwirnfäden gebunden waren, lustig flattern ließ. Wenn man das mit den Lichtstrahlen kombinierte, entstanden faszinierende Arrangements mit Farben, Licht und Bewegung.

Das Spiel dieses Jungen brachte Licht in meine Arbeit. Er vermittelte mir, daß es vor jedem emanzipatorischen Anspruch und vor jedem gesteckten therapeutischen Ziel etwas gibt, das ein Kind nur selbst entdecken kann. Diese Entdeckung ist wie eine Erinnerung an etwas letzten Endes Unbeschreibliches in seiner Psyche. Anscheinend war dem Jungen bisher noch nicht Raum gegeben worden, daß er so spielen konnte, wie ihn seine inneren Impulse führten. Jetzt konnte er etwas Gestalt werden lassen, was für ihn typisch und heilsam war. Es ist ein Gut, das jeder Mensch auf seine Weise in sich trägt. Pädagoge oder Therapeut können – so, wie es altgriechische oder östliche Weisheit längst ausgesprochen haben – für das Kind eine Art Geburtshilfe leisten und mit Ehrfurcht dabei stehen, wo dieses Gut Gestalt annimmt.

Zwar hatte ich schon Jahre zuvor mit einer gestalttherapeutischen Ausbildung begonnen. Ich hatte mir diese Schule ausgesucht, nachdem ich viel Zeit damit verbracht hatte, andere Ansätze kennenzulernen. Ich erlebte viele Therapieformen als manipulativ und wollte keine Ausbildung absolvieren, die mich befähigt hätte, meine und die Welt anderer mit den Etiketten von S. Freud oder anderen zu bekleben. Während der Gestalt-Ausbildungsjahre habe ich – wie das in jeder Ausbildung sein sollte – eigene Muster im Rückblick auf die Herkunftsfamilie sowie in der Auseinandersetzung mit meinen aktuellen Bezügen und Erlebnissen bearbeitet. Es waren Mosaiksteine einer allmählich deutlicher werdenden eigenständigen Wahrnehmung. Mir war aber noch kein Blick auf das Ganze möglich gewesen. Die beschriebene Arbeit mit dem Jungen war für mich so etwas wie eine blitzartige Erhellung, was Gestaltarbeit mit Kindern sein könnte. Nach Stundenzahl und schulmäßiger Sicht war ich fast am Ende meiner Ausbildung und sah mich jetzt noch einmal am Anfang eines Weges, nämlich zur inneren Haltung des Gestaltansatzes.

Da ich gerne die Zügel in der Hand halte und die Richtung bestimme, in die es gehen soll, ist es für mich bis heute ein harter Lernprozeß, innerlich leer zu werden, den Willen zur Strukturierung beiseite zu lassen und dem Gegenüber für sein Wachstum und seine Entwicklung Raum zu schaffen. Aber wer reitet, weiß, daß selbst hier die besten Stunden die sind, in denen Reiter und Roß innerlich zu einer Übereinstimmung finden, und nicht die, in denen ich nur äußerlich dem Pferd meinen Willen aufzwinge.

Innerlich leer zu werden hat nichts mit Passivität zu tun. Es bringt vielmehr Energien zum Fließen, auf die zu achten

Vorwort

wir verlernt haben. Die innere Energie befähigt uns, für das Aufmerksamkeit aufzubringen, was sich in uns oder in anderen entfalten kann, wenn die Manipulation von außen her nicht mehr praktiziert wird. Ich kann Angst verspüren, wenn mein Ich die Dinge nicht mehr strukturiert und seine Ziele manipuliert. Ich brauche Vertrauen in dieses Wachstum und Intuition, um es zu erkennen. In diesem Sinne beinhaltet Gestaltarbeit für mich auch eine spirituelle Dimension.

Was hat sich nun in meiner Kindergruppenarbeit seit der antiautoritären Zeit geändert?

Zum einen ist das „Anti" weggeblieben und das steht für alle von außen gesetzten Programme, Schulen und Ziele. Wo der eine Mensch dem anderen etwas beibringen will, ist das immer eine Form der Machtausübung über den anderen. Geblieben ist zum anderen aber die Autorität, verstanden als Energie, die sich bei meinem Gegenüber entfaltet und der ich mit Achtung und Aufmerksamkeit Raum gebe. Einfacher ausgedrückt, habe ich in den vergangenen Jahren viel gelernt, indem ich mich dem Tun von Kindern in Gruppen gewidmet habe, ihnen meine innere Energie zur Verfügung gestellt habe, so daß sie Raum bekamen, das zu entfalten, was sie sind und was sie wollen.

Ähnlich verlief meine eigene Lerngeschichte. Ich habe zwei Studiengänge an der Uni absolviert, habe eine zwei- und eine sechsjährige Therapieausbildung an schulmäßigen Instituten gemacht, überall mit Prüfungen und Abschlüssen. Mehr gelernt habe ich in den vergangenen 10 Jahren, als ich einfach dorthin gegangen bin, wo mich die Leher und Lehrerinnen interessierten, wo es keiner Prüfungen und von außen gelenkter Strukturen bedurfte.

Die emanzipatorische Arbeit mit Kindern war – so sagte ich – von einem Eros getragen. Das ist ein griechisches Wort, das man mit Wörtern wie Kraft und Liebe versuchen kann zu übertragen. Ein anderes griechisches Wort ist Agape – auch das läßt sich mit Liebe übersetzen, meint aber eine Energie, die Raum gibt –, eine wichtige Ergänzung des Eros, dort, wo es um die Arbeit mit Menschen geht.

Einführung

Gruppen sind so verschieden wie einzelne Menschen. Wenn wir uns mit Kindergruppen befassen, so müssen wir davon ausgehen, daß jede Gruppe trotz altersmäßig gleicher und soziologisch ähnlicher Voraussetzungen ein eigenes Profil hat. Ihre Prozeßdynamik ist selbst durch grobe Manipulation nicht einfach gleichzuschalten. Unsere Darstellung fußt auf einer über zehnjährigen therapeutischen Arbeit mit Kindergruppen im Grundschulalter. Keine Gruppe verlief wie die andere. Deswegen kann man für die therapeutische Gruppenarbeit keine Kochbuchrezepte geben. Es wird von Erfahrungen berichtet, die sich für uns zu einer Theorie verdichtet haben. Diese Erfahrungen können Anregungen für weitere Beobachtungen geben und Aktivitäten anregen.

Trotz der angedeuteten Verschiedenheit von Gruppen und ihrer Entwicklung legen wir die Studie einer sich wiederholenden Prozeßdynamik in Gruppen mit Kindern zwischen dem sechsten und zehnten Lebensjahr vor. Bei der Entwicklung dieser Gruppen im Laufe eines Jahres haben wir wiederkehrende und vergleichbare Motive und Verhaltensweisen miterlebt und wahrgenommen. Wir haben dabei für die Gruppen von Beginn an ein bestimmtes äußeres Arrangement organisiert und dazu eine von uns innerlich getragene Konzeption im Sinne des Gestaltansatzes von Fritz Perls entwickelt, was in den folgenden Kapiteln weiter ausgeführt wird. Beides führte die Kinder in eine existentielle Krise, die sie betroffen machte. Sie erlebten, daß sie mit ihren aufgesetzten Verhaltensmustern nicht mehr weiterkamen, und sie erlebten ein Angenommenwerden jenseits ihres Wohlverhaltens. Die Kinder konnten es sich erlauben zu regredieren, was sie nicht bewußt, wohl aber je nach ihrer emotionalen Bedürftigkeit selbst steuern konnten, ohne daß es von anderen ausgenutzt wurde. Mit Regression meinen wir im wörtlichen Sinne, daß die Kinder ihrem progressiven Alltag entweichen können. Sie erhielten die Möglichkeit, in frühere Entwicklungsräume ihrer Psyche und des Menschheitserlebens zurückzugehen. In ihrer Betroffenheit haben die Kinder zu einer „Erlebensebene archaischer Gestalten", wie wir sie nennen möchten, Zugang bekommen, die mit früheren Lebenswelten der Menschheit Zusammenhänge aufweist. Es handelt sich um eine Erlebenswelt, die in Mythen und Sagen festgehalten ist, und die in Träumen, in der Literatur und zuletzt auch ansatzweise in der Bilderwelt der modernen Medien auftaucht.

Die Gruppe scheint für diese Art des Erlebens das ideale Medium zu sein. Wir haben in Einzeltherapien nie beobachtet, daß Kinder ihre Phantasien zu so prägnanten Gestalten verdichteten und daß diese Gestalten eine so große Nähe zu einer Welt mythischen Erlebens hatten. Das führen wir darauf zurück, daß sich die Gruppenmitglieder mit ihren Äußerungen auch in unausgesprochenem Verhalten gegenseitig bestätigen und auf diese Weise innere Zweifel und Widerstände abbauen. Dadurch entsteht eine stützende Atmosphäre, die hilft, in das latent spürbare Geschehen

Einführung

und die sich damit ankündigenden Phantasien einzusteigen. Das Gruppenklima ermutigt die Kinder, die in ihrem Inneren auftauchenden archaischen Gestalten anzunehmen, sie prägnant werden zu lassen und mit ihnen kreativ zu spielen. Dieser Prozeß kann heilende Kräfte freisetzen, weil das Kind in den Gestalten Teile seiner Person ahnt. Es hat Zeit, die Teile seiner Person wahrzunehmen, auszugestalten und in sein Selbst zu integrieren. So kommt es zu einem Prozeß persönlicher Weiterentwicklung. Das Kind erhält notwendige Zeit, die ihm vorenthalten wurde, um sich seiner Innenwelt zu widmen. Mit der Gruppe und ihrem besonderen Arrangement wird ihm ein Weg aufgezeigt, zu diesen Gestalten zu finden. Jedes hat dabei die Freiheit, seine spezifischen Inhalte, seinen Rhythmus und sein Tempo auf diesem Wege selbst zu bestimmen.

Wichtig ist für uns, daß diese archaische Gestaltwelt, in welche sich Kinder begeben, keine gemachte oder konstruierte alternative Wirklichkeit ist. Die Kinder selbst erfinden diese Erlebniswelt nicht, sondern sie entdecken sie[3]. Die Entdeckungen der Kinder wurzeln in ihrer Betroffenheit. Gestaltarbeit ist immer existentielle Arbeit, worauf wir in einem der folgenden Kapitel noch ausführlicher zu sprechen kommen. Auf dieser Entdeckungsreise der Kinder sind die Therapeuten als Geburtshelfer mit dabei, damit die inneren Gestalten das Licht der Welt erblicken können.

Wir gehen davon aus, daß zehntausende von Jahren menschlicher Vorgeschichte ihre Spuren in unserem Vorbewußten hinterlassen haben.

Das haben W. Wundt, C.G. Jung u.a. schon längst entdeckt. Dichter haben diesen Fundus für ihre Werke genutzt. Die Kinder begegnen hier einem Gut, das etwas über den Sinn menschlicher Existenz aussagt. Es stiftet Sinn und wirkt somit ganzheitlich. Die Begegnung mit den Gestalten der eigenen Psyche wirkt heilend, gerade wenn man bedenkt, wie sehr Kinder heute in einer gesetzten, erfundenen und aufgeteilten Welt leben müssen. Die Gegenwart ist eine Welt, die nicht von ihnen stammt, schon gar nicht mit ihnen entwickelt wurde, sondern die eine häufig für Kinder verständnislose Setzung von Erwachsenen ist.

Wir haben bei Carlos Castaneda einen vergleichbaren Therapieansatz gefunden, der auf der Erwachsenenebene ein ähnliches Vorgehen beschreibt. Er mag von einer anderen Seite her noch einmal das verdeutlichen, worauf unsere gruppentherapeutische Arbeit mit Grundschulkindern hinzielt[4]. Der Lehrer Castanedas, Don Juan, fordert ihn auf, sich auf eine Personenebene der Entspannung und Konzentration zu bringen. Es werden auch drastische Mittel vorgeschlagen, die die Art der erwarteten Konzentration fördern können, nämlich sich z.B. freiwillig in einen selbstgebauten Käfig zu begeben. Dazu gehören weiter Atemtechniken, um in den angestrebten emotionalen Zustand zu gelangen. Hat man den Entspannungszustand erreicht, so können nun Lebensereignisse rekapituliert und durchgearbeitet werden, um zu innerer Ruhe und Ausgeglichenheit zu finden. Castaneda nennt das angestrebte Ziel der beschriebenen Durcharbeitung von Lebensereignissen auch die „Lösungen" aus dem Gebundensein an gefühlvolle Verstrickungen. Diese Formulierung erinnert an den Begriff der Bindungslosigkeit, wie sie als Ziel fernöstlicher Meditationsmethoden oder anderer spiritueller Praktiken genannt wird.

Dieser Ansatz wird nun in ähnlicher Weise in der Arbeit mit Kindern praktiziert. Der bewußt angeleitete und nachzuvollziehende Übergang in eine andere Bewußtseinswelt entspricht nicht den Möglichkeiten des Grundschulkindes. Wir schaffen ein Ambiente und bieten es dem Kind an. So wird ihm ermöglicht, auf spielerische Weise in die Ebene der Entspannung einzusteigen. Es wird eine Weltvergessenheit ermöglicht, die dem Kind die Konzentration auf die sich einstellenden Wahrnehmungen ermöglicht. Die Regeln und die häufig starren Normen der Alltagswelt des Grundschulkindes sind häufig eine massive Ablenkung von der eigenen Innenwelt. Seinem Wesen nach ist das Kind wohl noch näher am Bewußtseinszustand einer mythischen Gestaltenwelt, aber die Alltagstauglichkeit verbietet es dem Kind, sich sorglos diesen Angeboten seiner Innenwelt hinzugeben.

In die gleiche Richtung weist der Gestaltansatz von Fritz Perls. „Die Arbeit des Therapeuten besteht darin, einen Ort zur Verfügung zu stellen – einen Ort, der einem anderen Menschen die Möglichkeit gibt, sich mit sich selbst auseinanderzusetzen und zu sich selbst zu finden"[5]. Dieser Ort ist keine konstruierte Gegenwelt. Es ist vielmehr ein Ort, „an dem man entdecken und erfahren kann, was es heißt, daß sich in diesem Moment unseres Zusammenseins etwas ereignet". Dem Kind wird die Möglichkeit eröffnet, in einen Fluß von Ereignissen einzusteigen, die in ihm aufkommen. Seinem Wesen entsprechend setzt das Kind die Impulse in Handlung um. Das Kind spielt das, was es im Moment wahrnimmt. Auf diese Weise läßt es Gestalten in seinen Lebensvordergrund treten, mit denen es sich identifiziert und in denen es sich mit den anderen in der Gruppe auseinandersetzt. Das intensive Durchleben dieses Vordergrundes scheint integrierende und heilende Kräfte in sich zu bergen.

In der Gestalttherapie mit Kindern spielt die Suche nach dem *wie,* nämlich die Frage, wie machst du das, was du machst – die zentrale Intervention in der Erwachsenentherapie – keine besondere Rolle. Entscheidend in der Therapie mit Kindern ist, daß dem Kind eine normen- und wertefreie Gegenwart angeboten wird, die ihm freistellt, in seine eigene Wahrnehmungswelt einzusteigen. Man könnte auch sagen, daß die Therapie mit Erwachsenen von außen ansetzt, während die Kindertherapie von innen her beginnt[6].

In der Kindertherapie gibt es nicht das pädagogische Bemühen, daß gewisse Dinge so und nicht anders wahrgenommen werden müssen. Dem Kind wird zugestanden, seine Impulse auszudrücken. Wo dem Kind dies zugestanden wird, wird in ihm das Sein in der vollen Wahrnehmung seiner Gegenwart angeregt. Es ist nicht mehr die Wahrnehmung eines Diktates von außen, sondern es ist die Wahrnehmung des eigenen Erlebens, die sich zu bestimmten Gestalten verdichtet. Durch die Gruppenmitglieder erhält das Kind Unterstützung und Anregung. Die Gruppe erzeugt das notwendige Klima für diese Präsenz.

Wir haben im Blick auf sogenannte sozial unerwünschte Verhaltensweisen, wie beispielsweise massive Aggressionen, erlebt, daß die Verdichtung zum Spiel bestimmter Rollen und Gestalten eine Ritualisierung mit sich bringt. Die Aggression verfeinert sich durch das Ritual zu einer sozial akzeptablen Verhaltensweise. Wir wissen, daß bestimmte Kampftechniken auch in der Erwachsenentherapie in befreiende und bestärkende Bewegungsrituale verwandelt werden können. Dazu gehören Aikido, Tai-Chi und andere bewegungstherapeutische Wege. Es ist etwas anderes, ob ein Junge den anderen tritt und mißhandelt, weil er ihm ein Spielzeug wegnehmen möchte, oder ob zwei Prinzen um eine Prinzessin kämpfen, oder ob Baumhausbewohner versuchen, Nahrungsmittel oder Waffen der Gegner an sich zu bringen. Auf die Verfeinerung von Handlungen durch Ritualisierung wurde von der vergleichenden Verhaltungsforschung bereits hingewiesen: „Rituelles Verhalten erscheint als überindividuelle Ordnung von arterhaltendem Wert"[7].

Die Welt der Höhlen, der Feen, der Helden, der Jäger und der Sammler weist mit dem Altersabschnitt der Grundschulkinder eine besondere Affinität auf. So weist Zulliger darauf hin, daß das Kind in seiner seelisch-geistigen Entwicklung im abgekürzten Verfahren die gesamte kulturelle Ent-

Einführung

wicklung der Völker durchlaufe[8]. Zulliger steht mit dieser Behauptung keineswegs allein. Häufig wird vom Märchenalter des Kindes gesprochen, das in das Alter des Grundschulkindes hineinreicht. Märchen, Sagen und Mythen sind für diesen Altersabschnitt bedeutsam. Das wird auch heute kommerziell durch künstliche Welten wie etwa die der Jedi-Ritter und anderer ausgenutzt.

C.G. Jung führt aus, daß die kindlichen Reaktionen archetypisch formiert sind. Von einem Begriff wie Archetyp möchten wir jedoch das klar abgrenzen, was wir bei den Kindern als Identifikation mit archaischen Gestalten und dem spielerischen Nachvollzug archaischen Lebens bezeichnen. Es sind im Sinne des Perlsschen Gestaltansatzes Gestalten, weil sie für das Kind während der Therapiestunde in den Vordergrund seines Erlebens treten. Das Kind lebt mit seiner vollen Wahrnehmung in der Gegenwart diese Figuren und ihre Aktionen. Dieser Vordergrund hebt sich als Gestalt von einem undeutlichen, vorbewußten Hintergrund ab. Beim Kind nimmt also die Wahrnehmung noch ganz unmittelbar Gestalt im Spiel an. Für uns ist es dabei sekundär, ob und auf welche Weise wir hier möglicherweise auf „menschheitsgeschichtliche Eingrabungen und Strombetten" stoßen.

Eine letzte Abgrenzung: Wir beschreiben im Folgenden eine Gruppentherapie mit Kindern, keine soziale Gruppenarbeit.

Soziale Gruppenarbeit bewegt sich auf der ersten Ebene, d.h. sie bevorzugt kognitives Lernen. Konflikte werden rational bearbeitet, es wird auf Einsicht gesetzt. In der sozialen Gruppenarbeit wird im Laufe des Prozesses ein gemeinsamer Normenkodex erarbeitet, auf den sich die Mitglieder implizit verpflichtet haben. Diese Verpflichtung, die natürlich auch eine emotionale Dimension hat, entwickelt sich durch die Identifikation mit dem, was die Gruppe auf der rationalen Ebene erarbeitet. Erklärung und soziale Verpflichtung stehen im Vordergrund der sozialen Gruppenarbeit, während das Wahrnehmen von innen heraus und das Durchleben dieser Gestalten die Gestaltgruppentherapie mit Kindern kennzeichnen.

Kinder

Über Kinder oder „das Kind" zu schreiben, ist nicht einfach. Nicht so sehr deswegen, weil Kinder so vielfältig und verschieden sein können, sondern vielmehr, weil es für den Erwachsenen grundsätzlich schwierig ist, denn Kinder sind für ihn eine andere Welt, zu der er keinen leichten Zugang hat. Wie DeMause und andere feststellen, wird die Welt der Kinder von den Erwachsenen häufig völlig ungeniert als Projektionsschirm für eigene Wünsche und Vorstellungen im guten oder im verhängnisvollen Sinne wie sonst weniges in der Welt benutzt. Das hängt damit zusammen, daß jeder Erwachsene einmal Kind war. Diese Vergangenheit hat sich mit vielen Gefühlen verbunden. Sie liegen wie eine Ablagerung in unserer Person. Dieses Gemisch schöner und unschöner, in der Regel aber vergessener und unreflektierter Empfindungen wird zu einem Filter, der uns Kinder und Kindheit in allen denkbaren Verzerrungen wahrnehmen läßt.

Anders läßt sich nicht erklären, mit wieviel Unverständnis der erwachsene Mensch seit Jahrhunderten dem Kind begegnet ist und auch heute noch begegnet. Auch dort wird unsere Welt den Kindern nicht gerecht, wo sie kinderfreundlich sein könnte, ohne von den Erwachsenen besondere Leistungen oder Einschränkungen einzufordern. In unserer Gesellschaft verhält man sich der Schwangerschaft gegenüber schon häufig sehr ambivalent, dann sind es nicht selten die ersten Lebenssekunden des Kindes, die vom Unverständnis dem Neugeborenen gegenüber geprägt sind. Jeder kann hier selbst weiterdenken, wie wenig die Erwachsenen fähig sind, sich auf das sich entwickelnde Kind einzustellen. Kleidung, häufig auch die Nahrung, Spielzeug und vieles andere legen davon Zeugnis ab.

Auch dort, wo im engeren Sinne wissenschaftlich – pädagogisch oder psychologisch – über Kinder nachgedacht wird, zeigen die zahlreichen Verstehensversuche nicht wegzudiskutierende Unsicherheiten auf. Zahlreiche Entwicklungstheorien[9] versuchen, das Kind von außen zu sehen und legen Kategorien an das Kind an, die für den erwachsenen Menschen Sinn haben mögen, aber für das Kind unangemessen sind. In modernen Entwicklungspsychologien wird das Kind als ein unfertiges Wesen angesehen, das sich im Blick auf den erwachsenen Menschen vervollkommnen muß. Das Wort von Sigmund Freud, das Kind sei der Primitive unserer Zeit, geistert auf diese Weise immer noch durch die psychologischen Ansätze der verschiedenen Schulen.

Nur selten wird das Kind als ganzer Mensch mit eigener Qualität verstanden. Denn Kindsein ist eine Gestalt des Menschseins, in sich vollkommen, wie es der Erwachsene ist. Wo wir Kinder als ganze Menschen ernst nehmen, werden sie zu einem Gegenüber für den Erwachsenen. Denn nicht nur das Kind ist es, das vom Erwachsenen zu lernen hat, in der umgekehrten Richtung hat der Erwachsene ebenfalls von den Kindern zu lernen. In ihrem Buch *Der Konflikt der Generationen* hat Margret Mead darauf hingewiesen, daß es für unsere Zeit von Wichtigkeit werden wird, von den kleinen Kindern und Säuglingen zu lernen. Der in der modernen Welt der Institutionen und Medien sich und seiner Natur

Kinder

immer mehr fremd werdende Mensch kann vom Kind viel erfahren, wenn es um seine Ursprünglichkeit, seine Kreativität, um eine erfüllte Wirklichkeit geht. Vielleicht sähe das Elend dieser Welt nicht so kraß aus, wenn Erwachsene bereit wären, das Wissen der Kinder ernster zu nehmen.

In diesem Sinne wollen wir versuchen, etwas vom Wesen des Kindes zu erfassen und in einem zweiten Gedankengang besonders auf das Alter des Grundschulkindes zu sprechen kommen. Unseren Ausführungen zum Wesen des Kindes legen wir den Satz zugrunde: *Kinder sind unmittelbar, konkret und auf Beziehungen angewiesen.*

Das Wort unmittelbar meint ganz wörtlich, daß Kinder etwas in sich tragen, was ihnen nicht vermittelt wurde. Kinder bringen etwas mit, das aus einer anderen Welt zu stammen scheint. Von Erwachsenen wurde der Versuch gemacht, dieses *etwas* näher zu beschreiben. Diese Beschreibungen sind aber immer auch Verkürzungen. J. Liedloff hat es als „Kontinuum" definiert. Sie bezieht sich damit auf eine Art stammesgeschichtliches Erbe, das Kinder in indianischen Kulturen, die sie beobachtet hat, eine innere Sicherheit gibt, mit der sie in dem sie umgebenden Lebensfeld autark zurecht kommen. Auch C.G. Jung bezieht sich in seinen Ausführungen zum kollektiven Unbewußten auf das Kind und auf das, was es an Möglichkeiten und Potentialen mit sich bringt. Ein griechischstämmiges Wort, das oft in einem ähnlichen Sinne gebraucht wird, gerade in der psychologischen Literatur, ist der Begriff *Authentisch*. Das lateinische Wort für *authentisch* ist das Wort *auctor,* von dem sich unser Lehnwort *Autor* herleitet. Unmittelbar meint also, daß Kindern etwas Ursprüngliches, Eigenschöpferisches zu eigen ist. Damit ist eine Kraft gemeint, die ihnen weder allein stammesgeschichtlich noch sozial übermittelt ist. Diese Energie ist schon beim Säugling auf verhaltene Weise zu beobachten und sie entfaltet sich dort, wo Kinder in ihrer Entwicklung nicht eingeschränkt, gegängelt und unterdrückt werden. Aber auch die eben benutzten Begriffe Kraft und Energie sind keine hinreichende Beschreibung für das Unmittelbare. Dieses beinhaltet auch unmittelbares Wissen, das man vielleicht am ehesten mit Intuition umschreiben kann. Der Säugling hat ein unmittelbares Wissen vom Sinn seines Daseins. Wenn er nach physikalischen Maßstäben mit seinen Augen auch noch nichts oder wenig sieht, „sieht" er doch mehr im Blick auf die Menschen seiner Umgebung, als seine Eltern sehen oder wissen mögen. Die Unmittelbarkeit des Kindes läßt sich allenfalls umschreiben. Wir geraten damit in die sprachliche Nähe von Begriffen, wie sie mystische Denker gebrauchen. Diese Denkweise, die von innen kommt, kann uns am ehesten helfen, etwas vom Wesen des Kindes zu verstehen.

Neben dem Unmittelbaren gehört das Konkrete zum Wesen des Kindes. Es ist uns schwer gefallen, das in Worte zu fassen, was mit dem Wort *unmittelbar* gemeint war. Nicht anders verhält es sich mit dem Begriff des Konkreten. Jedem mag erst einmal dazu einfallen, das Konkrete sei das Gegenteil zum Abstrakten. Weiter wissen Insider, daß Piaget die Entwicklung des Kindes von den konkreten zu den abstrakten Denkoperationen beschreibt. Konkret ist also das, „was nicht von des Gedankens Blässe angekränkelt ist". Was aber ist nun das Konkrete? Wir stellen fest, daß das, was im Moment konkret da ist, sich nicht ohne weiteres fertig in Worte fassen läßt. Im Blick auf Kinder erleben wir, daß sie im Unterschied zu den Erwachsenen auf einer bildhaften Ebene erleben. Auch hier können wir feststellen: Kinder sind in der Lage, anders und mehr als Erwachsene zu sehen! Für Kinder ist der bildhafte Ausdruck einer Situation, einer Beziehung, ja selbst der bildhafte Ausdruck von Zahlen und Ideen entscheidend. Kinder drücken ihre Gefühle am ehesten in Bildern aus. Ärger und Wut finden ihren Ausdruck in entsprechenden Gesichtern oder Gegenständen, wie z.B. Kanonen,

Schlachtschiffen oder in Wesen wie Drachen, Kriegern und Rittern. Geduld findet ihren Ausdruck in einer sich entfaltenden Blume, einem Baum oder einem anderen organischen Wesen, das sich in der Zeit entfaltet. Immer wird von Kindern im Bild konkret verdeutlicht, was im Moment wichtig ist, was da ist, was im Vordergrund ist. Deswegen wird, wie wir später zeigen, beim Grundschulkind die Bilderwelt der Märchen und Sagen aktiviert, um konkret darzustellen, was sich in seiner Psyche abspielt. Bildhaftes psychisches Erleben wird nach außen gebracht und in Szene gesetzt.

Der Begriff *konkret* ist ein Lehnwort, es stammt aus der Welt der Griechen und Römer und meint, „verdichtet", etwas zu einem bildhaften Ausdruck bringen. In der konkreten, bildhaften Art des Kindes, sich auszudrücken, sich zu verdeutlichen, kommt Ehrfurcht zum Vorschein, nicht alles gleich in feste Abstraktionen zu fassen. Abstrakte Begriffe sind der ehrenwerte Versuch des Menschen, die Welt in den Griff oder Begriff zu bekommen. Vielleicht ist die existentielle Ehrfurcht des Kindes, die in seiner konkret beschreibenden, bildhaften Ausdrucksweise deutlich wird, angesprochen, wo in religiösen Texten die Gestalt, der Seinszustand des Kindes, als etwas dargestellt wird, das vorbildlich für die Beziehung des Menschen zum Transzendenten ist. Hierfür gibt es jedenfalls eine Fülle von Hinweisen in der indischen und in der biblischen Tradition, vermutlich auch in anderen Überlieferungen. Es sind die Heiligen oder die Weisen, die wie die Kinder geläutert und authentisch leben.

Das Dritte, worauf uns das Wesen des Kindes hinweist, ist, daß es auf Beziehungen angewiesen ist. Man kann natürlich fragen, ob dies nicht auch für den Jugendlichen, Erwachsenen und alten Menschen gilt. Und die positive Antwort darauf scheint niemand abstreiten zu können. Dennoch spielt das Angewiesensein auf die anderen beim Kind eine ganz eigene Rolle. Jugendliche und Erwachsene können sich leicht der Illusion hingeben, sie brauchten den anderen eigentlich nicht. Das ist das Scheinideal des westlichen Menschen, apostrophiert als der einsame Cowboy, der sich ganz alleine durchschlägt. Es gibt noch genügend andere Bilder dafür. Der Selfmademan ist es, der es alleine schafft.

Das Kind kann das Angewiesensein nicht leugnen, weil Säugling, Kleinkind und Kind offensichtlich den Bezug zu anderen lebensnotwendig brauchen. Kinder bejahen und praktizieren diesen Bezug offen und direkt. Kinder nehmen ihr soziales Angewiesensein als gegeben hin. Sie fragen zunächst nicht nach dessen Qualität, so wie es der Erwachsene in der Regel tut. Kinder nehmen ihre bisweilen schwierigen, komplizierten und belasteten Eltern nicht nur in Kauf, sondern sie nehmen sie an. Selbst willkürliche, pädagogisch unbegabte oder ungeschulte und unverständige Lehrer werden verehrt.

Kinder mögen durch ihr Verhalten Hinweise geben, daß sie in schwierigen Verhältnissen leben. Ihre Bereitschaft zur Toleranz und Duldsamkeit ist größer als die Erwachsener. Jeder, der mit Kindern und Familien arbeitet, kennt die Tiefe und Stärke kindlicher Loyalität, insbesondere den Eltern gegenüber. Im positivistischen Sinne haben Kinder ja auch wenig Rechte, die sie durchsetzen könnten, anders als Erwachsene, die auf ihren Rechtsstandpunkt bestehen und ihn durchsetzen können. Damit heben Kinder auch etwas aus den Angeln, was als ein oft ungeprüfter Grundsatz unserer Gesellschaft gilt, daß nämlich jeder zu seinem Recht kommen könne oder müsse. Hier stoßen wir also wieder auf eine Grenzfrage menschlichen Daseins. Wir möchten niemandem das Recht auf sein Recht absprechen. Wir möchten auch nicht den Rat geben, nicht für sein Recht beherzt einzutreten. Aber aufeinander bezogen sein läßt sich nur so praktizieren, wie es Kinder tun. In manchen Situationen muß ich zurückstekken, wenn ich mit den anderen zusammen leben möchte. Kinder tun dies. Leider manchmal bis zur Selbstaufgabe.

Kinder

Alice Miller spricht von der erstaunlichen Fähigkeit des Kindes, geheimste Regungen der Eltern intuitiv, also auch unbewußt zu spüren und zu beantworten und damit auch ihm unbewußt zugeteilte Aufgaben zu übernehmen[10]. Hier können Kinder sich an die in ihrer Umgebung erspürten Bedürfnisse bis hin zur Selbstverleugnung der eigenen Gefühle anpassen. Die Verantwortung der Erwachsenen besteht darin, solches zu verhindern. Dem auf Beziehung angewiesenen Kind begegnet der Erwachsene angemessen, wo er es respektiert und das Angebot des Kindes nicht für die eigenen Zwecke ausnutzt. Kinder werden geschädigt, wo ihr Beziehungsangebot, ihr spontanes Eingehen auf die Welt von den Erwachsenen falsch interpretiert wird, indem sie die Kinder nach eigenen Vorstellungen von außen zu leiten oder zu fördern trachten und so das Welterleben der Kinder zu trainieren und zu kanalisieren versuchen[11].

Drei Kinder bereiten sich für das Auskundschaften eines unbewohnten Grundstücks vor.

ohne Worte

Grundschulkinder

Dem sechsjährigen Kind attestiert man in unserer Kultur Schulreife. Der Gesetzgeber greift in sein Leben ein und stellt es unter die Schulpflicht. Die sechsjährigen Mädchen und Jungen erleben diesen Einschnitt sehr massiv. Sie sind auf das Neue gespannt und neugierig. Sie haben schon vieles von Erwachsenen oder älteren Kindern über die Schulzeit gehört, Gutes und Botschaften, die weniger gut klingen. Aber sie sind bei aller Ambivalenz voller Erwartung.

Das sechsjährige Kind hat in der Regel die Kapazitäten entwickelt, die für intensivere Lernprozesse wichtig sind. „Im Alter von etwa sechs Jahren ist das fundamentale Welt-Selbst-Sprache-System komplett, und die Natur wendet sich der Entwicklung ihrer letzten Hinzufügung, dem Neokortex zu und lädt uns ein in die Welt des Intellekts, der Logik und Vernunft"[12].

Das Kind kann Ausdauer entwickeln, wenn sich seine Aufmerksamkeit auf Dinge richtet, die ihm wichtig erscheinen, seine Neugier herausfordern und ihm die Aussicht geben, daß es ein Weg sein wird, der weiterführt. Die Zeiten sind vorbei, in denen Lernen nach der Methode von Versuch und Irrtum verlief. In diesem Alter können Kinder durchaus schon einschätzen, welche Chancen ein vor ihnen liegender Weg bietet.

Der zuvor zitierte amerikanische Pädagoge Joseph Chilton Pearce ist der Meinung, daß dem Menschen durch einen Wachstumsschub im sechsten Lebensjahr ein Hirnpotential im Bereich des Neokortex zur Verfügung gestellt wird, wie während des ganzen übrigen Lebens nicht mehr. „Das sechsjährige Kind hat immer noch eine ungeheuer viel größere potentielle Feldkapazität, als es früher hatte oder haben wird"[13]. Leider geht, so meint Pearce, ein großer Teil dieser Kapazitäten ungenutzt um das elfte Lebensjahr wieder verloren, weil wir in unseren westlichen Bildungssystemen zu wenig auf die sich in diesem Altersabschnitt bietenden Chancen eingehen.

Das Grundschulkind wird im Rahmen seiner weiterreichenden geistigen Fähigkeiten von existentiellen Fragen bewegt. Kinder dieses Alters suchen nach dem, „was die Welt im Innersten zusammenhält", auch wenn sie vordergründig lesen lernen, eine Rechenaufgabe zu lösen versuchen oder sich bei einem handwerklichen Vorhaben engagieren. Darauf wird auch in der psychologischen Literatur hingewiesen und dann insgesamt diesem Anliegen doch viel zu wenig Rechnung getragen. Piaget beschreibt, wie sich die beim kleineren Kind an Autoritäten fixierte Moral in diesem Alter zu einer Moral der gegenseitigen Achtung weiterentwickelt. Die Kinder finden zu einem inneren Gerechtigkeitsbegriff und werden fähig, sich Gleichaltrigen und Erwachsenen gegenüber kritisch und autonom zu verhalten. Diese Entwicklung kann man sicherlich damit in Zusammenhang bringen, daß das Grundschulkind seine eigene Gefühlswelt differenziert wahrnehmen kann. Auch sich widersprechende Gefühle werden erlebt, zum Ausdruck gebracht und anderen zugebilligt. Damit ist eine innere Basis gefunden, um Grenzsituationen des Lebens in Beziehung zur eigenen Existenz zu setzen. Die Kinder dieses

Grundschulkinder

Alters setzen sich ernsthaft mit Krankheit und Tod auseinander. Wenn sie einen Todesfall in ihrer Lebenswelt, etwa bei einem Haustier, aber auch bei Nachbarn oder in der eigenen Familie wahrnehmen, fragen sie nach dem Verbleib des ehemals lebendigen Wesens, und es schließen sich Fragen nach Weiterleben und Jenseits an. Darüber hinaus werden Fragen der eigenen existentiellen Gefährdung laut: „Was wird mit mir, wenn du plötzlich verunglückst?" So können Mutter und Vater gefragt werden. Die eigene Angst vor der Vergänglichkeit und Endlichkeit des Lebens wird erlebt und formuliert.

Kinder im Grundschulalter setzen sich also zu den Grenzfragen menschlichen Daseins selbst in Beziehung. Sie erleben die eigene Betroffenheit, wo es um derlei Ereignisse geht. Solche Fragen tauchen in einer Umwelt auf, die diese Fragen zuläßt, weil es auch die eigenen Fragen sind. Das Grundschulkind hat seine eigene Religiosität. Es ist nicht das Auf und Ab der späteren Jahre des Jugendalters, sondern es ist ein Alter, in dem es Offenheit für diese Fragen und eine selbstverständliche Bereitschaft gibt, Antworten anzunehmen. Nicht selten wird von den Mädchen oder Jungen der einmal geknüpfte Faden weitergesponnen. Es werden eigene Vorstellungen zur Transzendenz entwickelt und in dazu passende Worte gefaßt. Kinder können sich so ihre eigenen Welten entwerfen. Phantasie und die Bereitschaft zu phantasieren, sind in diesem Altersabschnitt in Fülle vorhanden.

Die sechs- oder siebenjährigen Mädchen und Jungen leben demnach ihre metaphysische Offenheit, sie werden bewegt von Fragen, erraten und entwickeln Worte, die ihnen Sinn aufzeigen. In dieser Haltung gehen sie auf die Schule zu. Dort werden sie mit den Schwierigkeiten unserer Zivilisation konfrontiert, auf solche existentiellen Fragen einzugehen. Das Grundschulkind erfährt demnach die tiefe Dichotomie unserer Gesellschaft. Es ist aufgemuntert worden, sich mit dem zu beschäftigen, was für das Leben wichtig sei. Es erlebt aber Disziplinierung, Unterdrückung und die Macht der Erwachsenenwelt, die sich in dem Anspruch äußert, sich ihren äußeren Gesetzen anzupassen. Und so müßte es eigentlich folgen, daß die Welt durch Äußerlichkeiten zusammengehalten wird und es nicht viel bringt, nach ihrem inneren Sinn zu fragen. Natürlich gibt es auch Kinder, die Glück haben, weil sie Menschen und Lehrern begegnen, die ihnen etwas von ihrem eigenen inneren Halt vermitteln können. Die Kinder erleben bei ihnen, wie sich das Äußere, nämlich das Rechnen, Schreiben und Lesen dem inneren Sinn zuordnet. Aber es ist das System unserer Schule, die heute gänzlich achtlos an dem vorbeigeht, was das Kind eigentlich braucht und sucht, nämlich geistige Nahrung. „Die Erwartung, lesen lernen werde später einmal das Leben bereichern, entpuppt sich als leeres Versprechen, wenn die Geschichten, die dem Kind vorgelesen werden oder die es selbst liest, nichtssagend sind"[14].

Es wird bisweilen argumentiert, die von uns eben angeschnittenen Probleme seien das, was wohl erst den Jugendlichen bewege. Man verweist auf die realitätsbezogene Art des Grundschulkindes, die Welt entdecken zu wollen. Abgesehen davon, daß unsere Schule viel zu wenig fähig ist, selbst darauf einzugehen, verkennt diese Sicht der Dinge, daß sich das Grundschulkind deswegen so intensiv und gerne mit den sichtbaren, anschaulichen Dingen, mit Buchstaben, aber auch mit Pflanzen, Tieren und in gleicher Weise mit Werkzeugen befaßt und mit ihnen experimentiert und forscht, um gerade nicht beim Vordergründigen stehen zu bleiben, sondern die inneren Zusammenhänge zu erfahren, von denen es als Kind noch etwas ahnt. Die späteren Wertkrisen des Jugendlichen und des Erwachsenen in unserer Kultur haben vielleicht damit zu tun, daß dem Kind Antworten verweigert werden, daß Disziplinierung stattfindet, wo gemeinsames Suchen angesagt wäre, oder noch besser, wo die Erwachsenen bereit

Grundschulkinder

sein sollten, dem Suchen und Ahnen der Kinder partnerschaftlich Rede und Antwort zu stehen.

Über die Agonie unserer staatlichen Schulen, die nicht nur eine lokale, sondern eine weltweite ist, weil die Schule eine weltweite Einrichtung geworden ist, egal ob sie heute in Afrika, Europa oder Asien steht, ist viel geschrieben worden. Hier anstelle vieler das Zeugnis eines Pädagogen, das bereits 1945 formuliert wurde. Heinrich Jacoby geht davon aus, daß jedes Kind große Potentiale mitbringt, die jedoch allmählich verschüttet werden. „Jedes halbwegs unverstörte Kind funktioniert offenbar noch so, daß wir als Erwachsene jedermann als hochbegabt erscheinen würden, wenn wir noch so funktionierten. Offenbar muß während des Aufwachsens etwas geschehen, das einen allmählich hindert, so positive Verhaltensweisen und Möglichkeiten beizubehalten und zu realisieren. Das geschieht so wirksam, daß diese Möglichkeiten schließlich überhaupt nicht mehr vorhanden zu sein scheinen". Zunichte gemacht werden diese Poteniale nach Meinung von Jacoby durch eine pervertierte Art des Lernens, die Fehler verbietet und die, wie bekannt, Menschen nach Fehlerzahlen in ihren Arbeiten bewertet. Dagegen gilt vielmehr: „Erarbeiten bedeutet, von demselben Standort aus gesehen, das Entgegengesetzte, nämlich: immer am Falschen erfahren, entdecken und erarbeiten, was weniger falsch ist, und dadurch nicht nur zu erkennen, was richtig ist, sondern vor allem auch, wie das Richtige zustande kommt und warum gerade dieses das Richtige ist!

Ich wünschte oft, daß über dem Eingang zu unseren Schulen stünde: hier sollt ihr Spaß am Falschmachen haben!"[15].

Auf ein selten positives Beispiel von Schule stoßen wir in den Büchern von Rebeca Wild. In dem darin beschriebenen Schulexperiment geht es den Wilds darum, das innere Wachstum der Kinder durch selbstbestimmtes Lernen auch während der Schulzeit zu ermöglichen.

Rebeca Wild weist mit Recht darauf hin, daß der heranwachsende Organismus sich nur dann organisch verändern und weiterentwickeln kann, wenn die von außen kommenden Impulse in innerer Autonomie verarbeitet werden können und nicht unter Druck oder Zwang angenommen werden müssen. „Nur eine autonome Interaktion mit der äußeren Welt setzt die volle Kette von inneren und äußeren Ereignissen in Gang, durch die der heranwachsende Organismus verwandelt und damit jede seiner Persönlichkeitsstrukturen geformt wird"[16].

Werden Kinder von außen dirigiert, können sie weder ihr eigenes Tempo wahren, noch ihre innere Harmonie aufrecht erhalten. Das Kind ist sich seiner selbst nicht mehr sicher, es wird dann letztlich abhängig von einer Lenkung von außen und damit manipulierbar. „So tut die Art Schule, wie wir sie weit und breit erleben, einen traurigen Dienst, die intelligenzschaffenden Wege der Natur zu umgehen, auf denen durch die enge Verbindung von Handlung und Wort ein Schatz von inneren erlebnisgetränkten Bildern angelegt werden sollte"[17]. In der Schule in Tumbaco, Ecuador, die von dem Ehepaar Wild gegründet wurde, wird das Kind in seiner Persönlichkeit als Partner respektiert. Jedes Kind erhält die Anregungen und das Material, das es für seinen persönlichen Lernprozeß benötigt. Kinder werden zu Forschern, zu Handwerkern, jedenfalls sind sie konzentriert dabei, ihre Neugier, ihre Lernimpulse zu aktivieren, zu steuern. Sie erhalten die Unterstützung, um die sie selbst bitten. Sie rufen das von den Erwachsenen ab, was ihnen für den Fortgang ihres Lernprozesses wichtig erscheint. Diese Schule braucht keine Klasseneinteilung, keine Schulglocke, kein festes Programm mit hauptsächlich stillsitzenden Kindern.

Daß ein solches Schulmodell in anderer Form auch bei uns denkbar ist, läßt sich weniger in der aktuellen Fachliteratur nachlesen. Berichte über die noch ganz wenigen Schulen

Grundschulkinder

unter den vielen tausend Regelschulen in Deutschland, die sich ähnlichen Reformprogrammen verschrieben haben, kann man am ehesten hier und da in der Tagespresse finden. So berichtet z.B. der Spiegel[18] von ähnlichen Versuchen an staatlichen Schulen, aus dem Zwang überkommener Lehrformen auszusteigen, und den Schülern eine Lernwelt zur Verfügung zu stellen, in der sie selbst ihre Lernschritte planen und durchführen, wobei die Lehrer die Rolle eines Beraters einnehmen.

Nur dort, wo Kindern solche Projektarbeiten geboten werden, können sie sich kreativ, autonom und störungsfrei entwickeln. Dieser Ansatz wurde daher auch die Grundidee unserer Therapiegruppe für eben jene Kinder, die ohne Orientierung und mit massiven sozialen Störungen, voller Aggression, Mißtrauen und mangelndem Selbstwertgefühl bei uns auftauchen. Denn die Entwicklung eines Kindes kann nur stattfinden, wenn ihm der eigene Weg und seine innere Autonomie zugestanden werden. Für uns war in diesem Zusammenhang noch ein weiterer Gesichtspunkt wichtig, der eine heilbringende Ressource gerade des Grundschulkindes darstellt: Die Fähigkeit, das innere Erleben bildhaft, gestalthaft darstellen zu können. Die Kinder greifen hier natürlicherweise auf den großen Schatz an Bildern und bildhaftem Geschehen zurück, wie ihn unsere Märchen, Sagen und Mythen anbieten. Kinder haben eine „Vorliebe für Gestalten, die entweder Grauen oder Entzücken erwecken. Riesen und Zwerge, Hexen und wilde Tiere oder wundervolle Prinzessinnen, gütige Feen und glänzende Ritter – das sind die typischen Gebilde der Märchenerzählung, in denen sich nach den beiden Seiten von Lust und Leid das gesteigerte Gefühlsleben des Kindes selbst spiegelt"[19]. Eben diesen Ansatz hat dann Charlotte Bühler in ihrer Veröffentlichung weiterentwickelt, wenn sie sagt: „Eine solche Anschauungsweise muß der kindlichen Auffassung vom Leben sehr nahe kommen. Profanes und Heiliges nimmt es ohne Unterscheidung unbefangen und mit Unschuld hin, Wirklichkeit und Wunder sind ihm noch nicht durch eine unüberbrückbare Kluft getrennt"[20].

Ähnlich äußert sich in unseren Tagen J.Ch. Pearce, wenn er meint: Das Kind „will Geschichten über die Beziehung zwischen Mensch und Tier. Geschichten über Zauberei, Geheim-nisse und außergewöhnliche Personen sind gleichermaßen wirkungsvoll, und das Kind spielt sich selbst als seine Phantasiefiguren, agiert das Vorbild, das Modell des Helden aus. Wir identifizierten uns mit unserem Modell, agierten die Darstellung aus und bereiteten uns so darauf vor, als integriertes und ganzes Selbst in die Welt der Erwachsenen einzutreten"[22].

Längst hat die moderne Spielzeugindustrie diese Erkenntnisse ernst genommen und sie dazu benutzt, den Kindern Figuren zu verkaufen, die sich zu großen Phantasie- und Spielwelten zusammenfügen lassen. Man kann die phantastischen Fabelwesen, Monster und Maschinen leicht mit den Drachen, Hexen, Helden und anderen Gestalten aus der Welt der Märchen und Sagen in Zusammenhang bringen. Die „Story" und die Formen werden abgewandelt, um mit den dann möglichen Urheberrechten den Verkaufserlös ihrer „Erfinder" zu garantieren.

Die Fähigkeit des Grundschulkindes, Phantasiegestalten zu benutzen, um sich darzustellen und desweiteren seine Begabung, nicht nur eine Dramatik dieser Figuren nachzuvollziehen, sondern selbst eine eigene Geschichte zu entwerfen, zeigt, daß beim Kind im hohen Umfang das Bedürfnis vorhanden ist, seine Existenz mit ihren Hintergründen zu erforschen. Es ist die Suche des Kindes nach Sinn und nach Zusammenhängen, wenn es sich auf diese phantastischen Wanderschaften begibt. „Dabei formt das Kind unbewußte Inhalte zu bewußten Phantasien, die es ihm dann ermöglichen, sich mit diesem Inhalt auseinanderzusetzen"[23]. Das Kind fin-

Grundschulkinder

det hier also ein Medium, das es Kräfte entwickeln läßt, die die eigene Psyche zu einer inneren Ordnung führen. „Es ist charakteristisch für das Märchen, daß es ein existentielles Dilemma kurz und pointiert feststellt. Das Kind befaßt sich also mit dem Problem in seiner wesentlichen Gestalt, eine komplizierte Handlung wäre nur verwirrend"[24]. Das Kind erschließt sich Sinn, in dem es auf alte, wie auch immer überlieferte Inhalte stößt und mit ihnen spielt, Erfahrungen sammelt und so Klarheit über sich und die anderen gewinnt.

Ideal ergänzt wird diese Arbeit des Kindes durch die Tatsache, daß es fähig geworden ist, die Ressourcen der Gruppe der Gleichaltrigen voll auszuschöpfen. Anregungen aus der Gruppe der eigenen Altersklasse wirken jetzt intensiver als die Äußerungen der Erwachsenen. Vielleicht spürt das Kind, daß es Gleichaltrigen gegenüber der Gefahr der Manipulation leichter entgegentreten kann, als den Direktiven der Erwachsenen. Die Wichtigkeit und Bedeutung der Gleichaltrigen für das Grundschulkind wird ansatzweise in der Pädagogik genutzt. Aber eben nun doch auch wieder in viel zu bescheidenem Umfang, als ob die Erwachsenen Angst hätten, ihnen könnte das Heft aus der Hand gleiten. Leider sind das vertane Chancen. Die Kraft der bildhaften Phantasie, die Fähigkeit, eigene Weltentwürfe zu entwickeln, darzustellen und die sprudelnde Quelle gegenseitiger Anregung und Förderung sind Fähigkeiten der Kinder dieser Altersgruppe, die unserer Welt notwendige Impulse für einen Pfad zu einem heileren Leben vermitteln könnten. Wie lange noch wird die Phalanx der Erwachsenen dies verhindern?

Kochen (Manschen) in der Küche

Der therapeutische Ansatz

Wir glauben zwar, daß unsere Augen sehen und unsere Ohren hören, was vor uns geschieht, aber das ist nicht richtig. Die Augen sind hier, aber die Gedanken sind beim vergangenen Vormittag, und wir registrieren nur wenig von unserem Gegenüber. Unsere Ohren hören den Klang von Wörtern, aber die Gedanken beschäftigen sich mit dem, was wir dem Gegenüber entgegnen können.

Unsere Wahrnehmung ist das Thema des Gestaltansatzes. Es ist nicht nur ein therapeutischer Ansatz. Die Arbeit an dem, wie wir wahrnehmen, ist eine lebenslange Aufgabe.

Diese Aufgabe sieht für Kinder allerdings anders aus als für Erwachsene. Wir Erwachsene haben bereits eine lange Geschichte mit unseren Wahrnehmungen hinter uns. Wir sind geprägt und manipuliert worden, wie wir bestimmte Ereignisse wahrzunehmen haben. Wir „wissen" schon im voraus, wie jemand aussieht, der ordentlich und intelligent sein soll. Wir haben unsere Neigungen entwickelt und die dazugehörigen Muster, mit denen wir ausweichen, vermeiden und die Dinge auf eine bestimmte Weise einordnen.

Kinder erleben noch die Frühgeschichte der Wahrnehmungsmanipulation. Kinder sind in allen Altersphasen noch fähig zu unmittelbarer Wahrnehmung. In einem alten, mystischem Denken nahestehenden Text, heißt es, „so werden wir aus dem transzendenten Mysterium heraus geboren, und die Gesellschaft beginnt sofort, uns ihren Stempel aufzudrücken"[25]. Wichtig ist uns nicht nur der zweite, sondern auch der erste Teil dieses Zitats. Er weist darauf hin, daß der Säugling etwas mitbringt, was wir leicht geneigt sind zu vergessen, weil es sich der klassischen naturwissenschaftlichen Nachforschung entzieht. Die Geburt aus dem transzendenten Mysterium heraus beinhaltet, daß dem Säugling bereits eine Bewußtheit gegeben ist, die wir nicht außer acht lassen sollten, wenn wir von seiner Wahrnehmungsfähigkeit sprechen. Der Säugling verfügt über eine ganzheitliche Wahrnehmung, die dem Erwachsenen abhanden gekommen ist, und die man mit den Worten Gespür oder Intuition oder anderen zu umschreiben versucht. Die immer mehr durch den Intellekt geschulte, gefilterte, schließlich ihm ausgelieferte Wahrnehmung des Erwachsenen ist in der Regel zu ganzheitlicher Sicht, an der auch intuitives Erkennen maßgeblich beteiligt ist, kaum noch fähig.

Das Grundschulkind hat meist eine lange und vor allem intensive Lerngeschichte hinter sich, was seine Wahrnehmung betrifft. Und Lerngeschichte heißt in dem heutigen Zeitkontext, eine Geschichte der Intellektualisierung. Damit meinen wir eine weitgehende Unterordnung der Wahrnehmung unter die rationalen Strukturen und eine Zurückstellung ganzheitlich intuitiver Komponenten dieses Prozesses, was dazu führt, daß dieser Bereich verkümmert. Manche Erwachsene wissen dies von sich selbst. Das Grundschulkind lebt noch in der Nähe der Unmittelbarkeit zum Wahrnehmungsbereich. Noch gibt es bei ihm diese eruptiven, erfrischenden Durchbrüche ganzheitlichen Erlebens und Erkennens. Aus ihnen schöpft die Lebendigkeit dieses Alters, die diejenigen Erwachsenen schätzen, die noch damit in Kontakt kommen kön-

Der therapeutische Ansatz

nen. Es ist der Charme dieses Alters, der noch in Grundschulklassen erlebt werden kann. Wir begegnen manchmal in unserer Alltagswelt diesen munteren Gruppen, die dann plötzlich eine Bahnhofshalle oder eine Straße bewegt und lebendig erscheinen lassen und die uns aufmuntern können.

Es gibt auch viele schöne Witze, die die Spontanität von Kindern anderen gegenüber, z.B. im Familienkreis, zum Inhalt haben. Wir begegnen der Fähigkeit zur unmittelbaren Wahrnehmung dort, wo Kinder in einem Bild, das sie malen, eine eigene psychische Notlage darstellen können. Auch das ist Ausdruck ganzheitlichen Erlebens. Die Art, wie das Kind spielt, verdeutlicht seine Fähigkeit zur Selbstwahrnehmung und Selbstdarstellung in spontanen Aktionen und Gestalten.

Fritz Perls nennt den intellektuellen Bereich, der bei den Erwachsenen die Erfahrung umformt und verformt, die mittlere Zone. Er spricht von der „Hure der Intelligenz"[26], und sie kann seiner Meinung nach die ganze Persönlichkeit entstellen. Während die Therapie beim Erwachsenen versucht, die entstandenen Wahrnehmungs- und die daraus resultierenden Verhaltensmuster in den Blick zu bekommen, ist der Therapieansatz beim Kind dort zu sehen, wo die geschilderte, dem Kind innewohnende Unmittelbarkeit, seine sich situativ zeigende Fähigkeit zur direkten, ungefilterten Wahrnehmung, unterstützt werden kann. Der Zugangsweg beim Erwachsenen erfolgt von außen, es ist der Weg über die Verfestigungen nach innen. Beim Kind erschließt sich der Weg von den noch nicht gänzlich verschütteten Potentialen seines Inneren, es geht um das Zulassen noch vorhandener Möglichkeiten der Wahrnehmung.

Der in diesem Zusammenhang wichtige Terminus des Gestaltansatzes, den Perls gebraucht, ist der Begriff „Wahrnehmungskontinuum". Dabei geht es methodisch darum, daß der Erwachsene „hörbar kundtut, wie er sich selbst wahrnimmt"[27]. Das Wahrnehmungskontinuum beinhaltet die Wahrnehmung, wie wir uns im Moment selbst erfahren, und zum anderen wie wir das wahrnehmen, was außerhalb von uns geschieht. Es wird unterbrochen, wenn wir den Intellekt einschalten. Beim Erwachsenen ist es üblich, daß wir ihn in der Therapie auffordern, uns die bei ihm ablaufenden inneren und äußeren Erfahrungen zu berichten. Kinder in der Gruppentherapie finden zu ihrem Wahrnehmungskontinuum, wenn sie von außen nicht manipuliert und irgendwelchem Druck ausgesetzt werden. Das kann Kinder zwar zunächst verunsichern, weil sie gewohnt sind, von Erwachsenen reglementiert zu werden. Aber unsere Erfahrung ist, daß die Kinder ihr Wahrnehmungskontinuum finden und es erleben. Dieses Erleben setzt heilende Energien frei. Wichtig ist natürlich, wie wir später noch ausführlich zeigen werden, daß der anwesende Erwachsene mit seiner ganzen Aufmerksamkeit dem Kind vermittelt, daß er für es da ist und bereit ist, es anzunehmen, so wie es im Moment ist.

Wenn Kinder zu ihrer Wahrnehmung gefunden haben, bei sich selbst sind, wächst ihre Fähigkeit, auch das Außen, andere Kinder und Erwachsene unverstellt zu sehen. Das Kind hat es jetzt nicht mehr nötig, sich mit Verzerrungen und Vermeidungen der Wahrnehmung zu schützen. Wo das Kind sich selbst erlebt, wird seine innere Wahrnehmung auch frei für die in ihm aufsteigenden Phantasien. In diesem ganzheitlichen Zusammenhang, also nicht vom Intellekt her, sondern aus der Wahrnehmung der Empfindungen heraus können Phantasiegestalten entstehen, die prägnant machen, was sich im Inneren abspielt. Die eigene Kraft und Stärke zeigt sich in der schönen Prinzessin, im glücklichen Prinzen, im siegreichen Helden. Bedrohungen werden durch die böse Hexe oder den gefährlichen Zauberer verkörpert. Die Aggressionen werden durch den Drachen oder andere Tiergestalten zum Ausdruck gebracht. So schafft sich das Kind einen Zugang zu

Der therapeutische Ansatz

seinem psychischen Raum. In diesem Raum ist auch Platz für Widersprüche und für Gestalten, die dem Kind zu schaffen machen. Die Gestalten werden als eigene Anteile gelebt. Das Kind spürt die Kraft, die in ihm steckt, und es erlebt wichtige Grenzen durch die Ritualisierung, die sich mit der Darstellung dieser Gestalten verbindet. Und das ist seine ganz eigene Welt, weil das Kind sie selbst mehr oder weniger zulassen und in Szene setzen kann. Das Kind ist aktiv, es wird nicht durch Stillsitzen, Benimmregeln, Anweisungen, Befehle, Mediengewalt, Machtansprüche und anderes gequält. Wo das Kind sein Wahrnehmungskontinuum lebt, gilt für es, was B. Baumgardner über den erwachsenen Patienten schreibt: „Statt Erfahrung von vornherein einzuschränken, wird sie bereichert. Er gelangt zu dem einzig sicheren Wissen über sich selbst. Er lernt die grundsätzlichen Fertigkeiten, die er benötigt, um kommunizieren zu können"[28].

Wir müssen das Gesagte ergänzen, indem wir auf die Faktoren Zeit und Geduld hinweisen, die für die ins Auge gefaßten Entwicklungen unbedingt vonnöten sind. Es braucht die Nerven, in der Kindergruppe das sich zuerst zeigende regressive Chaos vielleicht Wochen oder sogar Monate durchzuhalten. Es braucht viel Aufmerksamkeit, um die Momente zu registrieren, in denen Kinder aus ihrem Wahrnehmungskontinuum heraus handeln. In diesen ersten Wochen des therapeutischen Prozesses tauchen auch bei den Kindern Verhaltensmuster, Vermeidungs- und Rückzugsstrategien, aggressive Impulse und Stereotypen auf. Es macht aber keinen Sinn, wie bei Erwachsenen auf das „Wie" dieser Muster von außen hinzuweisen. Alle Interventionen dieser Art werden erst einmal als Erwachsenenmacht erlebt und haben entsprechende Reaktionen zur Folge. Was hier vor allem weiterhilft, ist das Vertrauen in die im Kind ruhende Fähigkeit zur Selbstregulation. Kinder sehen die Sinnlosigkeit und die Selbstferne ihrer Verhaltensmuster allmählich ein, wenn sie nicht manipuliert werden. Sie erkennen, daß sie ihre gestaltende, sinngebende Energie in sich tragen. Wo Kinder zu ihrer Eigenheit finden, können sie auch ihr Arrangement mit dem Umfeld gestalten.

Wenn Kinder sich so verhalten können, wie sie wirklich sind, entsteht Kontakt. Perls weist darauf hin, daß Kontakt nicht ein angestrengtes Bemühen ist, sondern ein Geschehenlassen. Kinder haben hier Erwachsenen etwas voraus. Sie können die Dinge leichter geschehen lassen, weil sie weniger Barrieren verinnerlicht haben. Daraus resultiert ihre Fähigkeit, sich einer Entwicklung, etwa einem Gruppenprozeß, anzuvertrauen. Wenn man sie gewähren läßt, müssen Kinder nicht an gewohnten Rollenvorstellungen festhalten. Im Unterschied zu anderen therapeutischen Ansätzen geht es dem Gestaltansatz nicht um den Aufbau von Kontrolle, sondern um die Entwicklung von Vertrauen in das, was sich entwickelt. Dieses Vertrauen ist Kindern noch näher als Erwachsenen.

Ein weiterer, besonders für unsere Kindertherapie wichtiger Grundsatz des Gestaltansatzes ist der Ort für die Therapie. Zur Verdeutlichung zitieren wir P. Baumgardner: „Die Arbeit des Therapeuten besteht darin, einen Ort zur Verfügung zu stellen – einen Ort, der einem anderen Menschen die Möglichkeit gibt, sich mit sich selbst auseinanderzusetzen und zu sich selbst zu finden"[29]. In der Erwachsenentherapie ist dieser Ort der Ort der besonderen Aufmerksamkeit für die Klienten. Es ist der Ort, an dem der Therapeut mit seiner Geduld, Langeweile, Anteilnahme, Zorn für den anderen präsent ist, jedoch nicht ein Ort, an dem wir für den anderen die ganze oder einen Teil der Verantwortung übernehmen.

Kinder und unter ihnen besonders die, die unsere Gruppen aufsuchen, haben oft keinen Ort auf der Welt, in die sie gekommen sind. Kinder finden kein Ohr, das sie hört, kein Auge, das sie registriert. Kinder erleben, daß ihnen nicht Raum

Der therapeutische Ansatz

gegeben wird. Selbst noch in alle Ecken des Kinderzimmers verfolgen sie die prüfenden Schritte der Erwachsenen und die Bettdecke wird hochgehoben, ob darunter nichts versteckt sei. Auf der Straße gibt es keinen Platz für Kinder, selbst auf dem Spielplatz ist das Verhalten häufig reglementiert. Deswegen sprechen wir in der Kindergruppentherapie in einem doppelten Sinn vom Ort für das Kind, nämlich in einem äußeren und in einem inneren Sinn. Auch der äußere Ort für die Therapie ist eine grundlegende, unerläßliche Voraussetzung. Die Erwachsenen haben auch ihre hübsch gelegenen Freizeitheime und ihre luxuriösen Tagesstätten, wo es gut ist, Gruppentherapie zu machen. Der Ort für unsere Kindergruppe ist einfach zu beschreiben. Es muß ein Raum sein, der Platz bietet für die Bewegungen in der Gruppe, ein Raum, in dem sich Materialien befinden (die wir am Ende der Studie beschreiben), mit denen man hantieren kann. Und es gehört ein kleines Stück Erde, ein kleiner Außenbezirk dazu (in unserem Fall sind es 400 qm mit einem Baum und ein paar Sträuchern). Zu diesem Außenraum gehört auch die Zeit eines Jahres mit den jahreszeitlichen Veränderungen. Das gibt die Gewißheit, daß die Zeit nicht zu schnell zu Ende ist und schafft Bezüge in die eigene Lebenswelt hinein.

Den inneren Ort stellen wir durch die Achtung vor dem Kind bereit. Wir gehen von der Voraussetzung aus, daß das Kind die Kraft hat, für sich und seine Entwicklung geradezustehen. Wir können ihm diese Energie nicht geben, aber wir können ihm das Vertrauen entgegenbringen, daß es die Energie selbst aufbringen kann. Wir gehen beim Gestaltansatz davon aus, daß Erwachsensein heißt, für sein Handeln und Reden die Verantwortung zu übernehmen. Ist das beim Kind anders? Sicher in einem äußeren Sinne nicht, denn Kinder sind in bestimmten Altersabschnitten nicht in der Lage, Erwachsenenaufgaben wie Finanzen, Haushaltsführung, Autofahren usw. zu übernehmen. Aber selbst in diesen Bereichen werden Kinder gern unterschätzt, wenn wir uns an das Thema Schule und die Organisation von Lernprozessen erinnern. Achtung vor dem Kind heißt in einem tieferen Sinne, daß der Erwachsene nicht in der Lage ist, die Verantwortung für die Entwicklung des Kindes zu übernehmen. Aus der sogenannten liebevollen Verantwortung der Erwachsenen resultieren sehr viele Fehlentwicklungen der Kinder. Denn dort, wo es heißt „das tue ich nur dir zuliebe" wird Kindern der eigene innere Raum zur Entwicklung nicht gegeben sondern genommen. So ist die vermeintliche Verantwortung des Erwachsenen für das Kind eine Verantwortung für eine Manipulation. Sie hat Fehlentwicklungen zur Folge, weil Kinder nicht das entwickeln können, was sie keimhaft in sich tragen. Es geht ja darum, daß das Kind die Prägnanz seiner eigenen Gestalt entwickelt. Für diese Entwicklung muß der Erwachsene seine Präsenz zur Verfügung stellen. Sie umfaßt ungeteilte Aufmerksamkeit, Geduld, Anteilnahme und schließlich auch das Eingeständnis eigenen Zorns. Wo wir in diesem Sinne für Kinder da sind, ermöglichen wir ihnen Entwicklung. Unter der Bezeichnung »Verantwortung« verbergen sich häufig Machtansprüche und Kontrollbedürfnisse, die dem Kind keinen Raum lassen.

Störungen

Ein Sprichwort aus dem alten Griechenland behauptet: „Ohne das Kind zu plagen, gib es keine Erziehung" (Ho me dareis anthropos ou paideuetai) und es drückt das aus, was auch heute viele denken, die mit Kindern zu tun haben.

Häufig werden allerdings »liberale« Ansätze im Umgang mit Kindern solange praktiziert oder geduldet, wie äußerlich gesehen alles seinen Gang geht. Dort aber, wo ein Kind damit beginnt, in der Schule in einem Leistungsbereich oder im sozialen Umgang Auffälligkeiten zu zeigen, wird auf Mittel der Druckausübung und des Zwanges zurückgegriffen. Selten werden im Elternhaus oder in der Schule die näheren Umstände, eben das, was um ein Versagen oder eine Krise des Kindes herum passiert, einer ausführlicheren Betrachtung unterzogen.

Das Verhalten, auf Entwicklungskrisen mit Druck zu reagieren, ist darauf zurückzuführen, daß Eltern in einer Krisensituation unüberlegt wiederholen, was ihnen selbst als Kind widerfahren ist. Das kritisch-krisenhafte Verhalten eines Kindes ruft Existenzängste bei den davon Betroffenen hervor. Eine Lehrerin sieht ihre Stellung in der Klasse oder vor der Schulleitung in Gefahr. Eltern sehen die Zukunft ihres Sprößlings, seine materielle und soziale Karriere, in Gefahr. Diese

Ängste engen den Blickwinkel ein und fördern die Wiederholung früherer Muster. Dabei wäre die sinnvolle Reaktion in einer Krise die Erweiterung der bisherigen Sichtweisen und die damit verbundene Entdeckung neuer Verhaltensmöglichkeiten. Dazu aber gehört Zeit, Achtung vor dem anderen und die Bereitschaft zum gemeinsamen Lernen.

Es gibt genügend Menschen, die auf diese Zusammenhänge aufmerksam gemacht und neue Wege im Umgang der Generationen miteinander gewiesen haben. So meint Alice Miller, daß die alten Muster der Pädagogik sich so zäh behaupten, weil es in ihnen um Fragen der Erhaltung der Macht der Erwachsenen gegenüber der jüngeren Generation geht – ein gerne tabuisiertes Thema in unserer Gesellschaft. Positiv ausgedrückt ist A. Miller der „Überzeugung, daß jede Pädagogik völlig überflüssig ist, falls das Kind in der frühen Kindheit über eine konstante Person verfügen kann ..... und nicht Angst haben muß, sie zu verlieren oder von ihr verlassen zu werden, wenn es seine Gefühle artikuliert. Ein Kind, das ernst genommen, geachtet und in diesem Sinne begleitet wird, kann seine eigenen Erfahrungen mit sich und der Welt machen und braucht keine Sanktionen des Erziehers"[30]. J. Krishnamurti setzt bei seinem Nachdenken über Erziehung ähnlich wie Miller beim Machtproblem an: „Die Gesellschaft versucht immer, das Denken der Jugend zu kontrollieren, zu gestalten. Sobald Sie geboren sind und beginnen, Eindrücke zu empfangen, erzählen Ihnen Vater und Mutter in einem fort, was zu tun und zu lassen ist"[31]. Auf die Frage, was denn dann Erziehung eigentlich sei, antwortet Krishnamurti, daß es die Bereitschaft des Erwachsenen sei, in Achtsamkeit einen Lernprozeß zusammen mit dem Kind zu wagen. Er meint also einen gemeinsamen Lernprozeß, in dem nicht einfach vorgegebene und daher nicht zu befragende Urteile weitergegeben und notfalls durchgesetzt werden. Bei solchem Lernen geht es dann nicht einfach um die Weitergabe von Wissen:

Störungen

„Erziehung ist im wesentlichen die Kunst des Lernens, nicht nur aus Büchern, sondern durch die ganze Bewegung des Lebens"[32]. Durch diese Art zu lernen, entsteht eine natürliche innere Disziplin. Dieses Wort kommt bekanntlich vom lateinischen Wort discere und meint lernen: „Nicht sich anzupassen oder zu rebellieren, sondern von seinen eigenen Reaktionen zu lernen, von seinem Hintergrund und seinen Einschränkungen, um dann darüber hinauszugehen. Das Wesen des Lernens ist ständige Bewegung ohne fixen Punkt"[33]. Damit ist gemeint, eine im Menschen, ja gerade im Kind ruhende Bereitschaft der Erwachsenen, ihre erworbenen, fixierten Standpunkte zur Disposition zu stellen, damit sich dieser gemeinsame Lernprozeß entfalten kann. „Kommunikation bedeutet, voneinander zu lernen, einander zu verstehen, und das hört auf, wenn Sie einen definitiven Standpunkt über etwas Triviales oder über eine nicht voll durchdachte Tat eingenommen haben"[34].

Mit welchen Störungen kommen nun die Kinder zu uns in die Therapiegruppe? Wenn wir die Ausführungen von Wild, Miller, Krishnamurti und anderen betrachten, die sich ihre Gedanken zu einer gewaltfreien Pädagogik gemacht haben, wird klar, daß die Umwelt den Kindern, die als verhaltensauffällig etikettiert werden, nicht den Lernprozeß zugebilligt hat, den sie eigentlich gebraucht hätten. Diese Verweigerung, oder anders formuliert, der Mangel an Liebe oder Achtung, ist Mangel an Zeit, an Einfühlungsvermögen, an Verständnis für den eigenen Lernprozeß, der jedem Kind gesondert zuzugestehen wäre.

Der Gestaltansatz bietet uns den theoretischen Hintergrund, diese Störungen noch weitergehend zu verstehen. Man kann dazu in zwei Richtungen blicken. Auf der einen Seite wird dem Kind zugemutet, in einem Tempo und in Formen zu lernen, die seiner persönlichen Entwicklung, seinem Rhythmus nicht angemessen sind. Fritz Perls spricht davon, wie wichtig für uns im realen wie im übertragenen Sinne der Vorgang des Kauens und Verdauens ist. Nahrung kann nur dann von der Person verwertet, assimiliert und zu einem eigenen Potential umgeformt werden, wenn sie in der richtigen Weise zerkleinert wurde. Das Innenleben manchen Kindes gleicht einem Acker, auf dem viele unzerkleinerte Felsbrocken herumliegen. Das sind all die unzerkauten und unverdauten Forderungen, Wissensinhalte, Erwartungen, Rollenvorgaben und Stereotypen, die Kinder übernehmen mußten. Sie wurden in das Kind hineingeschüttet, ob es das wollte oder nicht. Ein passendes Bild dafür ist der Nürnberger Trichter. Dort, wo das Kind all diese normativen Vorgaben nicht mehr ertragen kann, was ein verständlicher Vorgang ist, wird es auffällig. Vieles ist für diese Kinder sinnlos, weil man ihnen nicht die Zeit gegeben hat, eigenen Sinn für diese Dinge zu entwickeln und eigenständig nach ihrem Sinn zu suchen. Man kann sicherlich sagen, daß alles, was die Kinder unter Druck in sich aufnehmen mußten, unverdaut in ihnen liegen bleibt, und später, spätestens im Jugendalter, aggressiv von ihnen reproduziert wird. F. Perls nennt diesen Vorgang Introjektion. Sie „ist also der neurotische Mechanismus, mit dem wir in uns Regeln, Einstellungen, Handlungs- und Denkweisen ansiedeln, die nicht wirklich unsere eigenen sind. Introjektion bedeutet, daß wir die Grenze zwischen uns und der übrigen Welt so weit in uns hinein verlegt haben, daß von uns fast nichts mehr übriggeblieben ist"[35].

Das Extrem auf der anderen Seite sind die Eltern, die „aus Liebe" alle Verantwortung für ihr Kind übernehmen und auf diese Weise dem Kind keine Chance lassen, selbst zu lernen. Hier wird die neugierige, lernbereite Psyche des Kindes, wird seine Aktivität wie mit einem zähen Brei zugekleistert, der in ihm die Möglichkeit zur Eigeninitiative erstickt. F. Perls nennt diesen Vorgang Konfluenz und er meint damit, daß die Grenzen zwischen dem einzelnen und den anderen in diesem Fall

Störungen

nicht bestehen, sondern zerfließen. Das Kind kann zwischen seiner Verantwortung und der Verantwortung der Erwachsenen nicht mehr unterscheiden. Damit weiß das Kind nicht mehr, was es braucht und was es will. Wie soll ein Kind Verantwortung erlernen, wenn ihm die Verantwortung für sich selbst nicht zugemutet wird? Wir deuteten bereits an, daß hinter dieser angeblichen Fürsorge eher der Wunsch verborgen ist, das Heft fest in der Hand zu behalten. Die Überfürsorglichkeit von Eltern und in gleicher Weise von Menschen in sozialen Berufen, ist in der Regel das Mäntelchen, welches das maßlose Kontrollbedürfnis des Mächtigeren zu verbergen oder zu beschönigen trachtet.

So kommen die Jungen oder Mädchen bei uns an: die einen sind vollgestopft mit unverdauten Steinen, so wie der Wolf bei der Großmutter. Auch wenn sie es nicht wahrhaben wollen: Sie sind in den Brunnen gefallen. Sie zeigen aber eine ganz andere Fassade, die allerdings nicht die ihre ist. Denn perfekt wie der Held in der gerade aktuellen Fernsehserie teilen sie ihre Fußtritte aus und halten den Spielzeugrevolver zum Schuß aus der Hüfte bereit. Rigoros, so wie sie es selbst erdulden mußten, versuchen sie, die Rangreihe in der Gruppe zu ihren Gunsten festzulegen. Mit dem erwachsenen Therapeuten arrangieren sie sich einigermaßen, damit sie um so besser hinter dessen Rücken ihren Terror den Schwächeren gegenüber rauslassen können. Sie versuchen, die anderen mit dem vollzupacken, was sie selbst geladen haben. Andere Kinder versuchen, sich in der Gewaltszene mit einem mittleren Platz zu begnügen, um nicht Schlimmeres erdulden zu müssen. Es wird geraubt, erpreßt, getreten und geboxt – ein Mikrokosmos von Gesellschaft scheint sich zu entfalten, so wie wir auch als Erwachsene bisweilen geneigt sind, diese unsere Welt zu erleben und zu sehen. Andere Kinder sehen ihre Überlebenschancen im totalen Rückzug. Sie versuchen es schüchtern in der beschaulichen Playmobilecke, aber es dauert nicht lange, und sie müssen sich wegnehmen lassen, was ihnen gerade als Spielzeug lieb geworden ist. Für ihren Ärger oder ihren Schmerz übernehmen sie keine Verantwortung und sie wagen nicht einmal zu weinen, wenn einer der Machos ihre kleine Szene mit einem Fußtritt beseitigt. Am ehesten versuchen sie noch, sich an den vorhandenen Erwachsenen zu klammern, sie versuchen, ihm Schuldgefühle zu machen und ihn als Hilfe für ihre Interessen zu aktivieren.

In welche Richtung setzt sich nun die Gruppe in Bewegung? Ist es die verdorbene Gesellschaftsordnung, wie sie zunächst im Spiegel der Gruppenwelt wiederholt wird, oder findet sie zu einer Entwicklung, die zum gemeinsamen Lernen Hoffnung bietet? Wir können es den Kindern nicht als einen Wissensbestand beibringen, ob mehr das eine oder andere ihre Wirklichkeit werden soll. Es ist ja schließlich auch nicht die einfache Schwarzweißmalerei der bösen und der guten Gruppenwelt ihre und unsere soziale Realität. Denn welche Kraft steckt in der chaotischen Gruppe? Kräfte, auf die wir im gemeinsamen Lernprozeß nicht verzichten können! „Kinder sind in einem bestimmten Alter ungezogen, und das sollten sie auch sein, weil sie lebenssprühend, voller Leben und Übermut sind, und das muß sich in der einen oder anderen Form ausdrücken. Sie sind vital, und manche von ihnen sind außerordentlich intelligent; und ihre Rebellion ist ihre Art zu sagen: Helft uns zu verstehen und die Zwänge zu durchbrechen, diese entsetzliche Anpassung. Deshalb ist diese Frage sehr wichtig für den Erzieher, der Erziehung noch nötiger braucht als die Kinder"[36].

Obwohl es ein sehr begrenzter Rahmen ist, erhalten die Kinder Zeit und Raum, ihre Erfahrungen selbst zu machen. Sie erleben zuerst mit Erschrecken, daß es plötzlich keinen Druck von Erwartungen und Rollenvorgaben gibt, selbst die Regeln sind auf ein Minimum zusammengeschmolzen. Niemand übernimmt die Verantwortung für das, was sie tun.

Störungen

Plötzlich können sie fast ungehindert das in Handeln umsetzen, was ihnen gerade einfällt. Das ist ein verlockender Weg, auf den sie sich begeben. Auf diesem Weg beginnen sie allmählich zu spüren, was sie bedrückt. Sie machen Versuche, das rauszulassen, was unverdaut in ihnen liegt.

Die Kinder beginnen also, sich selbst wahrzunehmen. Die eigenen Wünsche, Gefühle und Vorstellungen kommen zuerst zaghaft, dann aber machtvoll zum Vorschein. Die Kinder entdecken ihr Innenleben und die damit verbundenen Kräfte. Sie haben Ideen und sie können etwas machen: eine Höhle bauen, sich selbst Nahrung zubereiten und am Herd wärmen. Ihre Phantasie hilft ihnen, Gestalten zu entdecken, die sie anziehen – in des Wortes doppelter Bedeutung. Die Kinder finden auch für ihre Aggressionen Szenen, in denen sie erleben, daß es ihnen Spaß macht und nicht Leid bringt, wenn sie so miteinander umgehen. So lernen die Kinder, das zu assimilieren, was ihnen wichtig erscheint. So entdecken sie ihren Ort und ihre Zeit. Sie werden von ihren Emotionen in der Gestalt der Helden, der Prinzessinnen aber auch der Hexen und Drachen nicht überwältigt, sondern können mit ihnen umgehen. Wir schließen mit einem Satz, den Krishnamurti für seine Schulen formulierte, und den wir auf unsere Gruppen zu übertragen wagen: „Worin liegt also die umfassende Verantwortung dieser Schulen? Gewiß müssen sie Zentren zum Erlernen einer Lebensweise sein, die nicht auf Vergnügen beruht – nicht auf ichbezogenen Aktivitäten, sondern auf dem Verstehen rechten Handelns, auf der Tiefe und Schönheit von Beziehungen und auf der Heiligkeit eines religiösen Lebens"[37].

Kinder mit Therapeutin bei dem Spiel:
Wieviele passen auf den Ball?

Die therapeutische Haltung

„Führen und wachsen lassen ist Wagnis"

Die Pädagogik und die aus ihren Überlegungen resultierende Erziehung sind häufig darum bemüht, dieses Wagnis möglichst klein zu halten. Als Motiv dafür wird immer wieder die Sorge um das Wohl des Kindes zitiert. Aber unter dem Motto redlichen Bemühens um das Gedeihen des Kindes können sich leicht das eigene Kontrollbedürfnis und mit ihm das eigene Machtproblem in den Vordergrund drängen.

Macht- und Kontrollwünsche müssen außen vor bleiben, wenn wir nach der inneren Haltung des Therapeuten in der Kindergruppe fragen. Der Gestaltansatz betont, was fernöstliche Weisheit bereits vor vielen Jahrhunderten formuliert hat, nämlich daß wir, wenn wir es mit anderen zu tun bekommen, Anforderungen erst einmal an uns selbst zu stellen haben, nicht an die anderen. Perls beschreibt einen Circulus vitiosus, in den wir hineingeraten, wenn wir bei den anderen anfangen, sie nach unseren Vorstellungen ausrichten zu wollen. Das geschieht, wenn wir erwarten, daß die anderen uns in unseren Vorstellungen bestätigen und stützen sollen. Und indem wir die anderen und, infolge davon auch uns selbst, ständig auf die geforderten Konzepte hin kontrollieren müssen, verlieren wir den Kontakt zu unseren eigenen Potentialen, zu unserer Lebendigkeit und Kreativität. Wir spielen den Kontrolleur und „wertvolle Teile unseres Selbst werden ganz eliminiert bzw. unterdrückt oder projiziert. Und andere Teile, die nicht die Unterstützung unserer authentischen Persönlichkeit haben, werden vorgetäuscht, gespielt. Man kennt das als unechtes Getue"[38].

Auch in unserer Kindergruppe wurden wir mit dieser Schwierigkeit konfrontiert. In den Jahren, als wir mit den Gruppen begannen, war es oft so, daß wir in großer innerer Angespanntheit und mit Unruhe in die Gruppentherapiestunden gingen. Dem aus unserer Sicht chaotischen Verhalten versuchten wir dadurch zu begegnen, daß wir ihm eine festgefügte, aus heutiger Sicht fast starr zu bezeichnende Eingangsstruktur entgegensetzten. Das konnte natürlich unversehens in einen Machtkampf hineinführen – wir übten eine kontrollierende Rolle aus, die wir eigentlich überhaupt nicht wollten.

Heute halten wir es für wichtig, daß wir spätestens eine halbe Stunde vor Beginn mit unseren Vorbereitungsarbeiten zu Ende sind. Wir ziehen uns von allem zurück, um innerlich ruhig zu werden. Natürlich bekommen wir auf diese Weise keine von Anfang an brave und disziplinierte Gruppe. Doch die Atmosphäre zu Beginn ist weniger spannungsgeladen. Die Kinder werden von uns empfangen. Wir wollen nichts von ihnen, sondern bieten ihnen Raum an, der für sie bereitgehalten ist. Die Kinder spüren, daß hier Erwachsene für sie da sind und daß es keine Einlaßbedingungen gibt. Die vom Kind im Zusammensein mit Erwachsenen häufig erlebte Situation gegenseitiger Kontrolle findet nicht statt. Die Erwartung des Kindes bricht in sich zusammen und befreit es zum Hören auf die eigenen Impulse. „Scheitert der Therapeut an dieser Aufgabe, gelingt es ihm also nicht, dem

Der therapeutische Ansatz

Patienten einen Ort zur Verfügung zu stellen, an dem er eine Umgebung vorfindet, die sich von dem unterscheidet, was er bereits kennt und die in ihm neue Reaktionsformen hervorruft, wird auch das Entdecken ausbleiben, und der Patient wird die Therapie so verlassen, wie er gekommen ist"[39].

Wir finden bei Laotse den Satz: „Er tut das Nichttun, daher gibt es nichts, das nicht geordnet werden könnte"[40]. Wenn wir diesen Satz richtig verstehen, dann geht es darin um das Wissen, daß den Lebewesen und Dingen in der Welt eine Ordnung innewohnt, die sich dann einstellt, wenn wir sie achten und nicht machen wollen. Wir halten das für eine sinnvolle Einstellung auch für die Therapeuten in der Kindergruppe. Ihre Aktivität ist ihre Achtsamkeit, die sie für die Kinder bereithalten. Die Therapeuten nehmen wahr, was sich beim einzelnen Kind und in der Interaktionsdynamik der Gruppe zeigt. Ihre Wahrnehmung ist ein Akt der Bewußtwerdung, wie die Kinder ihre Aktivitäten von innen heraus gestalten, wie sich ihre Unmittelbarkeit bemerkbar macht, wie ihre Ordnung sich gestalten will. Letzteres vielleicht gerade im Gegensatz zu gemutmaßten Vorstellungen von Ordnung, Authentizität oder Regelhaftigkeit in der Gruppe oder beim einzelnen. „Werden Aktionen in ihrem Entstehen bekannt, können Reaktionen situationsgemäß erfolgen. Zur Entwicklung helfen, heißt Entwicklung verstehen. Und dieses Verständnis lehrt die Achtsamkeitsschulung"[41].

Ein mit dem Tun im Nichttun verbundenes Motiv östlicher Weisheit ist die Betonung der Bindungslosigkeit. Die Schriften Laotses, die Lehren Buddhas oder die Bhagavadgita sprechen von ihr alle in ähnlicher Weise. Dieses Thema ist genauso für den Gestaltkindertherapeuten von Bedeutung. Wahrnehmen ist nur möglich, wenn wir uns nicht an einmal gemachte Eindrücke oder an bestimmte Vorstellungen binden. Vergangenheit und Zukunft können uns beide daran hindern, in der gegenwärtigen Wahrnehmung zu sein. Um im Wahrnehmungskontinuum zu bleiben, bedarf es gerade dessen, daß wir nicht an einem Moment, einer Situation, an einem Gefühl oder Sinneseindruck kleben bleiben. Bindungslosigkeit meint, nicht eigenen Wertungen oder eigenen Urteilen verhaftet zu sein, sondern innere Freiheit zu entwickeln. Zum Therapieziel wird also, daß wir dem Kind seine eigene Entwicklung zugestehen. Die inhaltlichen Rollenvorgaben bleiben außen vor, nicht weil sie willkürlich sein können, sondern weil das Mädchen oder der Junge selbst suchen und entscheiden können, wie sie sich verhalten möchten. „Die Rolle des Therapeuten besteht darin zu unterstützen und nicht darin zu lehren; er »ist dabei«, statt etwas aufzudrängen. Auf sein Vorstellungsvermögen greift er zurück, um Situationen zu entwickeln, in denen der Patient sich selbst entdecken kann"[42]. Oder in der zweieinhalbtausend Jahre alten Sprache Laotses: „Nichtbegehren bewirkt Stille – und die Welt wird von selbst recht"[43].

Wir sind nicht der Meinung, daß der hohe Anspruch an die therapeutische Haltung uneingeschränkt eingelöst werden kann. Er stellt einen Wegweiser dar, in welche Richtung die Arbeit des Kindertherapeuten zu erfolgen hat, wenn er auf der Gestaltgrundlage arbeiten möchte. Jeder, der den Pfad eigener Wahrnehmungsschulung nur ein kleines Stück gegangen ist, kennt die vielfältigen Fallstricke, in Form von sozialer Beeinflussung, von Vermeidung und Abwehr.

Aber die Haltung innerer Distanz von all den eigenen Interessen ist wichtig, weil diese gerade Kindern gegenüber eine fatale Rolle spielen können. Diese Haltung hat jedoch nichts mit Gleichgültigkeit dem Kind gegenüber zu tun. Sie ist vielmehr die einzige Möglichkeit eines Engagements für die Kinder. Es ist die Haltung der Bereitschaft, auf die Intention des Kindes und seine Entwicklungsmöglichkeiten einzugehen. Nur so wird der Therapeut fähig, Situationen bereit zu halten, in denen das Kind seinen Impulsen und seiner Phantasie

Der therapeutische Ansatz

freien Lauf lassen kann. Das Kind muß sich nicht nach den von außen gesetzten Wünschen, Ängsten oder Normen ausrichten. Es kann die ihm innewohnenden Energien spüren und schöpferisch realisieren. Es kann ohne regulierende Raster seine eigenen Regulierungen entdecken. Die Therapeuten halten sich nicht nur im Hintergrund, sondern bilden den Hintergrund, vor dem sich das Geschehen in der Gruppe gestalten und Prägnanz bekommen kann.

In Abwandlung der bekannten Frage könnten wir jetzt formulieren: „Wo bleibt das Negative, Frau oder Herr Therapeut?" Und gemeint ist: „Ich möchte Sie mit den geschilderten Intentionen mal sehen, wenn die gestörten Kinder nicht nur um Sie herumtoben, sondern beginnen, ihre Aggression aneinander und an den herumstehenden Gegenständen abzulassen!" Abgesehen davon, daß wir uns mit den hier notwendigen Interventionen noch weiter unten befassen werden, sei die Gegenfrage erlaubt: „Haben Sie es schon mal ausprobiert, nicht in der erwarteten Weise zu reagieren, wenn ein Kind aggressiv ausrastet, sondern Ruhe zu bewahren?"

Wir wollen nicht wegdiskutieren, daß es in unseren Gruppen sehr schwierige Situationen und bösartige Verhaltensweisen von Kindern gibt. Für die Therapeuten bleibt im Blick auf ihre Haltung die Frage wichtig, ob sie davon ablassen können, Negativerwartungen auf die Kinder zu projizieren, mit denen sie arbeiten wollen. Die abendländische Geschichte der Erziehung kann mit dem Bibelspruch „Wer seinen Sohn lieb hat, der hält für ihn die Rute bereit"[44] bis hin zum Worte Freuds vom polimorph perversen Kind umrissen werden. Das böse Kind entpuppt sich als Projektionsschirm für die Ängste und den Neid der älteren Generationen. Auch unser Jahrhundert ist von diesem psychischen Mechanismus keineswegs frei.

Im Osten dachte man anscheinend mehr, um ein konkretes Beispiel zu nehmen, daß jedes neugeborene Kind eine Art

„Buddha-Kind" sei. „Das kleine Kind ist also ein Buddhababy, eine Manifestation dieser wunderbaren Energie in Unschuld"⁴⁵. In der Sprache des Westens hieße das, jedes Kind berge Gottes Ebenbildlichkeit in sich und sei ein Christuskind. Es ist natürlich sinnlos, die eine mythische Sicht gegen die andere auszuspielen. Für die Haltung dem Kind gegenüber ist das, was Vertrauen zuläßt, in jedem Fall der wegweisende Ansatz.

Wo wir Kinder aus diesem Vertrauen heraus wahrnehmen, schenken wir ihnen Raum und Zeit, Eigeninitiative zu verändertem Verhalten und zu Konfliktlösungen selbst zu entfalten. Wir sagen von einer Frau, die schwanger ist, daß sie „guter Hoffnung" sei. Nur wo Therapeut oder Pädagoge in dieser Weise guter Hoffnung sind, kann das Kind mit der ihm eigenen Lebendigkeit neue, eigene Verhaltensweisen zu Wege bringen. Vor diesem Hintergrund sind therapeutische Interventionen in der Kindergruppe zu sehen. Interventionen in diesem Sinne sind keine Eingriffe, Rat- oder Vorschläge. Sie sind das Wahrnehmen, oder auch das Fürwahrnehmen nicht der Muster, sondern der Eigeninitiative des Kindes, Wege aus der Verwirrung zu finden und auszuprobieren.

Ich weiß nicht, ob man das sensible Miteinander von Kindern und Erwachsenen prägnanter beschreiben kann. Es geht um den Augenblick einer Begegnung, die von keiner Seite manipuliert wird. Beachtenswert scheint mir, daß sich dort, wo wir mit Vertrauen und Hoffnung an Krisen herangehen, Chancen einer neuen Begegnungsmöglichkeit auftun. Kinder sind bereit, neu initiativ zu werden, wo ihnen solche Möglichkeiten angeboten werden.

Therapeutische Interventionen

Die Interventionen in der Kindergruppe kann man in drei Bereichen ansiedeln. Das eine sind die Interventionen, die eine momentane Situationsklärung zum Inhalt haben. Sie werden in der Regel verbal und auf der rationalen Ebene praktiziert. Das andere sind Entwicklungsangebote an die Gruppe oder an das einzelne Kind, die angenommen werden können oder auch nicht. Die Entscheidung dafür liegt beim Kind. Bei diesen Interventionen kann das pantomimische Verhalten des Therapeuten wichtig sein. Auch emotionale oder andere Energien sind beim Vorgang des Sendens oder Empfangens von größerer Bedeutung. Der dritte Bereich ist der des Krisenmanagements, eine Art Mischform der beiden beschriebenen Bereiche.

Der Therapeut sieht, wie sich zwei Kinder um ein Spielzeug streiten, weil es nur ein Exemplar davon gibt. Das kann ein Stück aus der Kleiderkiste oder ein Werkzeug sein. Der Streit sieht so aus, daß der eine dem anderen den Gegenstand wegnehmen möchte. Beide versuchen, den Gegenstand in der Hand zu halten, beide zerren. Falls der eine das Spielzeug dank seiner Kraft an sich reißt, läßt ihn der andere doch nicht in Ruhe damit spielen. Nur vorausgesetzt, daß keines der Kinder sich hilfesuchend an die Therapeuten wendet, könnte einer der beiden sich den Kindern zuwenden und ihnen Vorschläge machen, wie sich für beide die Situation verbessern ließe, wenn sie ein Arrangement, einen Kompromiß aushandeln könnten. Das wäre eine typische Intervention im ersten Bereich. Es ist das, was in einer Vorschulgruppe oder in einem Projekt sozialer Gruppenarbeit genauso denkbar ist. Interventionen der Situationsklärung dienen der Erweiterung der sozialen Fähigkeit der Kinder. Dazu gehören Kompromißbereitschaft, Beweglichkeit im Blick auf bestimmtes Rollenverhalten, insbesondere auch im Verhalten der Geschlechterrollen, die Bereitschaft zu Toleranz anderen Meinungen und Werthaltungen gegenüber und anderes mehr.

Auch in der Kindertherapiegruppe kann das Verhalten auf dieser Ebene von den Therapeuten nicht einfach ignoriert werden. Es ist ein Bereich, in dem Stellung bezogen werden sollte. Kinder reproduzieren z.B. auch häufig gesellschaftliche Vorurteile Ausländern, Frauen, Männern oder Randgruppen gegenüber. Situationsklärung kann in der knappen Feststellung bestehen, daß für mich Türken keine Kanaken, Zigeuner keine Kriminellen usw. sind. Situationsklärung heißt für uns die Mitteilung, daß wir bestimmte Dinge anders sehen, als die Erwachsenen, von denen die Kinder ihre Vorurteile übernommen haben. Klärung meint nicht Belehrung, Rechthaberei und damit Rück-Diffamierung des Kindes, das sich geäußert hat. Allenfalls kann es noch sinnvoll sein, daß wir dem Kind genauer beschreiben, was uns zu unserer Stellungnahme veranlaßt hat.

Lob und Tadel, die klassischen Erziehungsmittel zu angepaßten Verhalten, haben keinen Platz in der Therapiestunde. „Anstelle von Lob und Strafe sollten Zuwendung (mit Freude) und Konsequenz entstehen; Zuwendung zu allen Wesen und Konsequenz hinsichtlich der Selbstverant-

Therapeutische Interventionen

wortung; die Folgen einer Tat des Kindes sind nicht für mich, den Erzieher, unheilsam, sondern eventuell für das Kind"[46].

Der zweite Interventionsbereich könnte in der gleichen geschilderten Situation des Streites zweier Kinder aktuell werden, wenn sich nämlich eines der beiden Kinder hilfesuchend an den Therapeuten wendet: „Du, die Maria hat mich getreten und mir den Hammer weggenommen". Wir gehen einmal davon aus, daß es nicht das erste Mal ist, daß dieses Kind die weitere Verantwortung für sein Dilemma dem Therapeuten anlasten möchte. Also reicht die Intervention, daß der Therapeut hingeht und den beiden einen Kompromiß vorschlägt, nicht aus. Im Vordergrund steht das Muster des klagenden Kindes, sich an Autoritäten zu hängen, andere zu beschuldigen und Verantwortung abzugeben. Ein Entwicklungsangebot machen, heißt nun, diesem Kind in seiner spezifischen Situation Wege zu ermöglichen, die es selbständig gehen könnte, anstelle des Musters, sich an Mächtigere zu wenden. Es könnte je nach Fähigkeiten und Situation auf etwas anderes ausweichen, verhandeln, das Gegenüber nerven oder stören, sich Verbündete suchen, einen Tausch oder eine List anwenden und anderes mehr. Für derlei lange Erklärungen hat das Kind verständlicherweise kein bereites Ohr, sie sind weder kind- noch situationsadäquat. Zudem ist es wichtig, dem Kind zu vermitteln, daß wir zwar seinen Wunsch, als Mächtigerer einzugreifen, nicht erfüllen wollen, aber dennoch Anteilnahme für seinen Weg verspüren und ihm vor allem eigene Schritte zutrauen. Diese Zusicherungen brauchen nicht verbal erfolgen, sie können trotzdem so vermittelt werden, daß das Kind eine unterstützende Energie wahrnimmt.

Entwicklungsangebote beginnen eigentlich schon in der Vorbereitungsphase, wenn wir uns auf das einzelne Kind innerlich einstellen. Nicht indem wir ein Therapieziel aufstellen, sonden indem wir es annehmen, so wie es ist. Und die erste Intervention in diesem Sinne in der Gruppenstunde ist eben, daß wir da sind. Wir sind nicht bloß körperlich anwesend, sondern sind da mit unserer Achtsamkeit. Wir sind also mit unserer Wahrnehmung weder bei einem ausgedachten Programm für die Gruppe noch bei unserem eigenen Vormittagsprogramm. Wir nehmen vielmehr wahr, was hier geschieht. Es ist nicht einfach, diese Achtsamkeit als Botschaft weiterzugeben. Aber sie ist wichtig für Kinder, die keineswegs gewohnt sind, von anwesenden Erwachsenen geachtet zu werden. In der Kindertherapie liegt der Tenor auf dem Dasein des Therapeuten im Sinne von „Du mußt dich nicht nach mir richten, aber du kannst mit mir rechnen", während in der Erwachsenentherapie durch den Therapeuten als Katalysator mehr das Kathartische im Vordergrund steht.

Im weiteren Verlauf der Stunde kann es oft so sein, daß die Kinder schon die Klinke in der Hand haben, um sich eine Tür selbst zu öffnen. Der Versuch eines Kindes, sich und anderen eine gemütliche Ecke zum Rückzug aus dem allgemeinen Trubel zu bauen, braucht den bestätigenden Blick oder das Herbeischaffen von Decken und Matratzen. Oder es bilden sich zwei Untergruppen; die sich ankündigende Auseinandersetzung, von der noch unklar ist, ob sie mit Fäusten oder Gegenständen ausgetragen wird, erhält ein Alternativangebot durch einen Kissenwurf der Therapeuten. Das Angebot wird angenommen, sozusagen die Türen aufgeklinkt, und die Spannung entlädt sich auf eine lustvolle und lustige Weise.

Ein kleiner Junge wird von den Baumhausbewohnern ausgeschlossen. Er fängt laut an zu schreien. Er erhält den Hinweis auf einen Stapel von Hölzern, der noch in einer Ecke liegt. Am Ende dieser Stunde zieht er voller Stolz ab, weil er begonnen hat, ein zweites Baumhaus zu errichten. Er hat es geschafft, das Entwicklungsangebot anzunehmen, weitere Unterstützung wird ihm zuteil, die festgefahrene Struktur der

Therapeutische Interventionen

Gruppe kann sich verändern. Der Ausgangspunkt hierfür ist ein kleiner, verbaler Hinweis, ist Aufmerksamkeit und Zuwendung durch die Therapeuten, die eine Entscheidung des kleinen Jungen zur Folge haben. Eine innere Entwicklung zu mehr Selbstvertrauen kann stattfinden, die die Welt, in diesem Fall die Welt der Kindergruppe, verändert.

Die Bereitstellung von bestimmten Materialien zum Spielen gehört genauso zu den Entwicklungsangeboten, wie unser Eingehen auf den jahreszeitlichen Rhythmus. Die in unserer Zivilisation nur noch sehr vage mit den Jahreszeiten assoziierten Rituale sind für Kinder bedeutsame Wegmarken, die ihnen Orientierung und damit auch Halt geben können. Der herbstliche Rückzug ins Haus wird durch die Bereitstellung von Tüchern, Decken und Kartons zum Rückzug in die selbstgebauten Höhlen und Zelte genutzt. Licht und Wärmebedürfnis im Winter führen an den Herd und zu festlichen Mahlzeiten. Fastnachtzeit und Winterauszug regen die Möglichkeiten für Verkleidung und Rollenspiel an. Wir müssen dabei klarstellen, daß die Bereitstellung von Material nie als Programmpunkt in verbalen Beiträgen von uns thematisiert wird. Deswegen liegen Kleider oder Decken, Seile und anderes oft mehrere Wochen lang unbeachtet an einer Wand unseres Spielzimmers oder werden zum Werfen, Schlagen oder was auch immer verwendet.

Unserem Interventionsstil entspricht es auch nicht, direkte Vorschläge einzubringen, etwa in dem Sinne, daß es an der Zeit wäre, ein Märchen zu spielen, oder daß der neunjährige Karl sich überlegen soll, die Rolle des König Drosselbart zu übernehmen. Wohl aber gehen wir auf die entsprechenden Impulse der Kinder mit viel Achtsamkeit ein, sind bereit, nach Hochzeitskleidern zu fahnden, haben Anregungen für die Ausschmückung einer selbsterfundenen Sage bereit. Im fortgeschrittenen Stadium des Gruppenprozesses sind wir bemüht, den Kindern Anknüpfungspunkte zur vorhergegangenen Woche bereitzulegen, damit sie ohne viel Zeitverlust wieder in ihre Höhlen- oder Heldenwelt einsteigen und darin weiterleben können.

Trotzdem lebt die Gruppe nicht in einer Friede-, Freude-Eierkuchenwelt. Die Kinder sind mit erheblichen Belastungen und daraus resultierenden Störungen in die Gruppe gekommen. Deswegen geht es nicht ohne Krisenmanagement ab, die dritte Interventionsaufgabe. Um zu verdeutlichen, was damit gemeint ist, holen wir noch einmal das eingangs erwähnte Beispiel vom Kinderstreit um Kleidungsstücke oder Hammer hervor. Es ist durchaus realistisch, wenn wir uns vorstellen, daß hier zwei Raufbolde aneinander geraten, die sich mit brutaler Gewalt zu prügeln beginnen. Interventionsversuche des geschilderten ersten und zweiten Bereiches wären zunächst völlig sinnlos. Eine der wenigen Regeln, die wir eingeführt haben, lautet zwar, man darf den anderen nicht ernsthaft schlagen oder treten – aber auch das ist (in unserem Beispiel) im Moment gegenstandslos geworden.

Hier hilft aus unserer Sicht als erster Versuch nur ein lauter Schrei eines der Therapeuten. Es ist nicht wichtig, welches Wort wir gebrauchen: „Halt", „stop", „nein" oder was uns sonst noch einfallen mag. Wir benützen keine inhaltliche Botschaft, auch nicht im Sinne von: „Laß das bitte", weil nie klar ist, wer von den zweien oder dreien angesprochen werden sollte. Durch den lauten Ruf kann ein kurzes Innehalten bei den Streithähnen erreicht werden. In dieser Pause ist es möglich, an die vereinbarte Regel zu erinnern, Anregungen zu einem alternativen Vorgehen zur Beendigung des Streites zu geben, oder , die Gruppe zu versammeln, um gemeinsam Lösungsmöglichkeiten ohne Vorschläge der Erwachsenen zu suchen.

Vielleicht muß auch zu einer weiteren Möglichkeit gegriffen werden, die Therapeuten jedenfalls noch in der Grundschulkindergruppe haben, nämlich in Körperkontakt mit ei-

Therapeutische Interventionen

nem, ggf. auch zu zweit mit einem weiteren Kind zu gehen und es festzuhalten.

Damit sich hier kein Mißverständnis oder die Verwechslung mit einem anderen Ansatz einschleicht, möchte ich präzisieren, daß dieses Festhalten nur einen kurzen Augenblick lang geschieht. Ziel ist das momentane Innehalten, ähnlich wie beim eben beschriebenen lauten Ausruf. Ein Handlungsverlauf droht sich zu verselbständigen. Der Moment des Innehaltens bietet die Möglichkeit zur Wahrnehmung dessen, was gerade geschieht. Das Kind wird in die Lage versetzt, seinen Gefühlsausbruch zu bemerken. Indem es sich selbst spürt, ist es auch gefragt, ob es das gezeigte Verhalten weiter so beibehalten will. Ihm wird mit dem kurzen Festhalten eine Grenze aufgezeigt und die Möglichkeit eingeräumt, seine Energien in eine andere Richtung zu lenken. Am besten ist es, wenn eine solche kurze Intervention aus der inneren Ruhe der Therapeuten heraus geschehen kann. Dann können sich neue Perspektiven entwickeln, die über die gegenwärtige Erregung hinausführen und neue kreative Impulse begünstigen.

In der Anfangsphase einer Gruppe kann es geschehen, daß einer der beiden Therapeuten durch ein Kind immer wieder sehr beansprucht ist. Wir haben aber die Erfahrung gemacht, daß die investierte Energie im weiteren Verlauf des Gruppenprozesses Früchte trägt.

Baumhausbau

Situative Elternarbeit

Nur jedes fünfte Kind in unseren Gruppen lebte mit den leiblichen Eltern zusammen. Die anderen kamen aus Stieffamilien, oder sie lebten bei ihren alleinerziehenden Müttern. Nicht selten wuchs ein Kind bei den Großeltern oder Verwandten auf. Elternarbeit spielte sich also bei uns vor dem Hintergrund unterschiedlicher Familienformen ab.

Wir lernten die Bezugspersonen unserer Gruppenkinder in den Anmeldungsgesprächen, auch Erstgespräche genannt, kennen. Eltern oder Ersatzeltern waren die Anmeldenden, nicht immer aus eigenen und freien Stücken. Oft erfolgte der Anruf bei der Beratungsstelle auf Drängen der Schule oder des Jugendamtes. Wir legten viel Wert darauf, daß die Kinder bei den Anmeldungsgesprächen dabei waren. Unsere möglicherweise späteren Gruppenmitglieder sollten die Gewißheit haben, daß nichts hinter ihrem Rücken ausgehandelt wurde, und sich von Anfang an als Partner ernstgenommen fühlen. Die Kinder wurden in das Gespräch miteinbezogen, was für manche verwunderlich war, weil anfangs viele Eltern ständig Versuche machten, über sie, aber nicht mit ihnen zu reden. Wir ließen uns von den Kindern des weiteren die Zustimmung zu einem Lehrerbesuch in der Schule geben, was uns fast nie verweigert wurde. Wir sagten zu, ihnen das Besprochene zu Beginn oder am Ende der nachfolgenden Gruppensitzungen mitzuteilen. Als es dazu kam, interessierte es die Kinder in der Regel nur noch am Rande, weil ihnen in den Stunden schon bald anderes wichtiger war als über die Schule zu sprechen. Mit der Loyalität der Kinder uns gegenüber kamen wir auf diese Weise klar. Wie aber stand es mit der Loyalität der Kinder ihren Bezugspersonen und deren Vertrauen uns gegenüber? Im Blick auf diese Fragen kam uns zustatten, daß weniger die Therapeuten als vielmehr die Gruppe selbst in Widerspruch zu den Ansprüchen der Eltern geraten konnte. Wir und die Bezugspersonen der Kinder standen in einer Art Erwachsenensolidarität der Kindegruppe gegenüber. In der Elternarbeit versuchten wir nun, Verständnis für das zu wecken, was in der Kindergruppe vor sich ging und für die Eltern nicht ganz einfach zu verstehen war. Dabei handelte es sich weniger um die Vermittlung von Inhalten des Gruppenprozesses. Wir wollten die Eltern in ihrer Wahrnehmung bestärken, daß es für die Kinder heilsam ist, wenn man ihnen Raum läßt für ihre Spiele, ihre Kreativität und ihre eigene Dynamik. Die Kinder konnten selbst zur Botschaft in diesem Sinne werden, wenn sie ausgeglichener aus den Gruppenstunden nach Hause kamen. Die Eltern beobachteten, daß die Kinder sinnvolle Aktivitäten zeigten, wenn man sie ließ, und daß sie weniger Anlässe zu unliebsamen Störungen produzieren mußten.

    Die Eltern oder die anderen Bezugspersonen der Kinder standen bei der Anmeldung unter erheblichem Druck. Sie brauchten Veränderungen, denn es war von ihrer Situation zu Hause und in der Schule klar, daß es mit dem aggressiven oder dem Rückzugsverhalten des Kindes nicht wie bisher weitergehen konnte. Schulausschluß, andere Maßnahmen oder einfach die nervliche Belastung der Eltern standen im Hintergrund. Auch die Eltern brachten ihre Muster in die

Situative Elternarbeit

Erstgespräche mit, angefangen bei Schuldgefühlen bis hin zu ihren Besitzansprüchen und ihrer Überfürsorglichkeit. Es entlastete die Eltern, wenn sie merkten, daß ihre Verhaltensmuster nicht im Zentrum unseres Interesses standen, sondern daß wir in den Gesprächen mit ihnen um Verständnis für die Kinder warben – zunächst um Verständnis für das, was in der Gruppe passierte, und im weiteren um Verständnis für ihre Lebendigkeit. Wir gaben den Erziehenden zu verstehen, daß uns die vergangenen Geschichten und die Entschuldigungen nicht wichtig sind, aber daß wir zusammen ein gemeinsames Interesse an der Zukunft der Kinder hätten. Nicht allen war diese Zukunft gleich wichtig, doch waren sie möglicherweise bereit, den Kindern ihre eigene Entwicklung zuzugestehen. Subtile Veränderungen konnten durch eine wenn auch nur wenig veränderte Sichtweise der Eltern in Gang kommen.

Man kann Elternarbeit in der Gruppe oder in Einzelgesprächen mit den Erziehungsberechtigten durchführen. Wir haben die Erfahrung gemacht, daß die Gruppenarbeit mit Eltern eine lange Anlaufzeit braucht, bis die Fassaden voreinander abgebaut sind. Lange Zeit wird in der Gruppe der Versuch gemacht, ein Bild von sich vor den anderen aufrecht zu erhalten: Man habe im Grunde keine Probleme mit den eigenen Kindern, und Schwierigkeiten seien Umwelt und Schule anzulasten. Auch der einzelnen Elternsprechstunde kann bisweilen etwas Artifizielles anhaften, wenn die momentane Betroffenheit fehlt, die vorhanden ist, wenn in Schule, Familie oder sonstwo Ereignisse zu verzeichnen sind oder das Kind zu Hause Erlebnisse von der Gruppe verlauten läßt, die die Eltern weiter bewegen.

Deswegen praktizieren wir das, was wir situative Elternarbeit nennen. Derartige Beratungskontakte sind bei Therapeuten nicht beliebt, weil sie anstrengend sind. Sie geschehen vorzugsweise entweder vor Beginn oder kurz nach Beendigung der Therapiestunden, manchmal auch in kurzfristig vereinbarten Terminen zwischen zwei Wochentreffen der Kindergruppe oder in Form von Telefonanrufen der Eltern. Bei dieser Form der Elternarbeit sind die Anlässe wichtig. Im Vordergrund stehen momentane Erlebnisse, die eine andere Basis für ein Gespräch abgeben, als der routinemäßig anberaumte Termin.

Oft wird behauptet, diese Art der Elternarbeit sei problematisch, weil die Therapeuten sich von den Eltern nicht klar genug abgrenzen könnten. Die Eltern hätten quasi den Fuß in der Tür des Therapieraumes, und es sei nicht möglich, den Schwall an Phantasien einzugrenzen, geschweige denn zu bearbeiten, was sich als Wildwuchs bilden könne. Und wo bliebe die sinnvolle Distanz, wenn die Eltern jederzeit zum Telefon greifen und im Blick auf Kind und Gruppentherapie in unkontrolliertes Agieren kommen könnten.

Die Eltern der Gruppentherapiekinder hatten klare Anweisungen, auch am Ende der Gruppentherapiestunden nicht ins Spielzimmer zu schauen und, wenn sich die Stunden im Außenbereich abspielten, dem Geschehen dort nicht zu nahe zu kommen, und Therapeuten und Kinder nicht anzusprechen. Mit dieser Grenzziehung hatten wir keine Probleme. Wohl durften die Kinder denen, die sie abholten, etwas im Gruppenraum zeigen. Das war jedoch erst nach dem Abschluß eines Gruppennachmittages möglich, der, wie später noch beschrieben wird, mit einer Runde in unserer Küche endete. Die Kinder wollten den Eltern verständlicherweise eine aus Decken erstellte Höhle, ein Kartonhaus, aber auch die Schmuseecke, Hängematte, eine selbstgebaute Königskrone oder einen Hut aus der Kleiderecke vorführen. Wir sahen keinen Anlaß, diese Wünsche zu unterbinden. Bei diesen Gelegenheiten konnte sich das ergeben, was wir situative Elternarbeit nennen. Denn die Eltern waren z.B. erstaunt – und das kann bekanntlich der Beginn persönlicher Betroffenheit sein –, daß

Situative Elternarbeit

ihr Kind die von ihnen verkannte Fähigkeit hatte, mit einem anderen in einem kleinen Kartonhaus friedlich zusammenzuleben und überdies noch dieses kleine Heim hübsch zu bemalen, Ordnung zu halten und kreative Ideen zu seiner inneren Ausgestaltung zu entwickeln. Mit der Äußerung des Verdachtes, die Therapeuten hätten hier gemalt oder Ordnung geschaffen, entwickelt sich das Gespräch. Wir sprechen über die äußeren Umstände, wie auch über die innere Haltung der Erwachsenen, die der Nährboden für die Entfaltungsmöglichkeiten der Kinder werden könne. Viele Gesprächsanlässe waren auch Ausrufe wie: „Um Himmels willen, was ist das für eine Unordnung!", oder „Räumen Sie das alles selbst auf?"

Nachdenken über die Geschlechterrolle löste die Beobachtung aus, daß manchmal Mädchen im Umgang mit Werkzeug geschickter waren als Jungen, oder daß es die Jungen liebten, sich mit Frauenkleidern aus unserem Angebot zu schmücken.

Den Anstoß für den Effekt dieser Arbeitsform hatten wir bei den Außenaktivitäten der Gruppen erhalten. Eltern, die ihr Kind abholen wollten, hatten sich verfrüht eingefunden, und aus der Ferne das Gruppentreiben auf der Wiese und in Sträuchern und Buschwerk mit großer Aufmerksamkeit beobachtet. Hier gab es viele Anlässe für die Eltern, um nach Beendigung der Stunden Fragen zu stellen. Nicht nur Klettereien waren hier Ausgangspunkt von Gesprächen, inwieweit es richtig sei, den Kindern gewisse Entscheidungen und Selbständigkeiten zuzutrauen. Wenn die kleine Tochter zusammen mit einem Jungen in der Hängematte lag, wurde das zum Anlaß genommen, um über kindliche Erotik zu sprechen. Das laute Geschrei, das Verhalten der Therapeuten, Konkurrenzen der Kinder, die sich in Kämpfen Luft machten und andere Anlässe konnten die Eltern in einen Gesprächsaustausch mit uns hineinführen. Die Eltern trugen also den Wunsch nach Klärung an uns heran, nicht wir mußten nach einem Einstieg suchen. Wir brauchten kein Thema zu formulieren, keine Betroffenheit zu produzieren. Unser Problem war eher die Suche nach dem Abschluß eines Gespräches.

Wenn der Anstoß für die situativen Gespräche eine ungewohnte Wahrnehmung der Eltern im Zusammenhang mit dem Gruppengeschehen war, so sahen wir ihr Ziel darin, Eltern Mut zu machen, den Kindern mehr Raum zu lassen. Wir wiesen darauf hin, daß „Raumgeben" nichts mit Nachlässigkeit zu tun hat, sondern Energie verlangt, einem Kind seinen eigenen Weg zuzutrauen. Die Erlebnisse in den Gruppensitzungen gaben gutes Anschauungsmaterial ab, wenn wir verdeutlichen wollten, was Achtsamkeit und Achtung im Zusammenspiel zwischen Erwachsenen und Kindern meinen. So konnte vielleicht am ehesten verstanden werden, daß wir selbst im Umgang mit den Kindern einem inneren Ziel folgten.

Jeden, der es erlebt, kann es erfreuen, wenn die veränderte Sichtweise von Erwachsenen in der Umgebung eines Kindes diesem plötzlich die Freiheit gibt, seine Intentionen zu leben. Bei diesem Geschehen ist die Zeit ein wesentlicher Faktor. Zunächst kann das Ungewohnte auf beiden Seiten zu noch massiveren Schwierigkeiten führen. Wo Eltern das innere Ziel nicht fallenlassen, wird wachsendes Vertrauen im Verlaufe der Zeit die Situation mehr und mehr entspannen. Dann muß das Kind nicht mehr gegen einengende Erwartungen kämpfen, noch seine Energie auf der Suche nach Auswegen aus der Enge oder in Auffälligkeiten im Kampf um Beachtung verschleißen. Kinder drücken in ihrer Direktheit Destruktivität oder Unordnung aus, wo in ihrem Umfeld innere Strukturen keine Rolle spielen. Achtsamkeit ist das Gegenteil von Außerachtlassen dieser Strukturen. Diese Haltung ermöglicht dem Kind, zu seiner eigenen Ordnung zu finden. Für manche Eltern war es zunächst eine schwieri-

Situative Elternarbeit

ge, nicht einfach zu durchschauende Aufgabe, daß sie nach außen hin nicht aktiv werden sollten. Bald verstanden jedoch manche, daß gerade nicht ihre hektische Aktivität dem Kind gegenüber gefragt war, weil sie immer mit Erwartungen verbunden ist, die mit dem organischen Wachstum des Kindes kollidieren können. Manche lernten verstehen, daß die eigenen Existenzängste in ihnen Manipulationswünsche aufkommen ließen, die sich auch auf uns Therapeuten richteten.

An einem kalten Wintertag hatten sich zwei Jungen am Rande eines kleinen Tümpels neben unserem Haus rumgeschubst und beide waren ins eiskalte Wasser gefallen. Es war eine Situation am Ende der Stunde kurz vor dem Abgeholtwerden, und unsere Nerven waren an der Belastungsgrenze angelangt. Nicht nur wir hatten den Impuls, sinnlos loszuschreien. Schon tauchten die Eltern auf, eine krakelende Mutter und ein explosiver Opa. Wir schafften es, mit den bis zum Hals durchnäßten Kindern ins warme Spielzimmer zurückzugehen, um sie dort in Ruhe, ohne Worte, aber mit Achtsamkeit zu entkleiden, abzutrocknen und sie aus unserer Kleiderkiste ganz lustig einzukleiden. Mutter und Opa sahen sprachlos zu und wurden zusehens ruhiger und freundlicher. Als wir die Kinder umarmten und mit den Worten: „Kann ja mal passieren", den beiden übergaben, war die Atmosphäre in Ordnung. Den Jungen war anzumerken, wie froh sie waren, einem üblichen Strafgericht entgangen zu sein, und daß sie in Zukunft achtsamer sein wollten. Den Eltern war deutlich geworden, daß Schreie oder Schläge eher einen Wiederholungszwang zur Folge gehabt hätten, als die gemeinsame stille und akzeptierende Handlung.

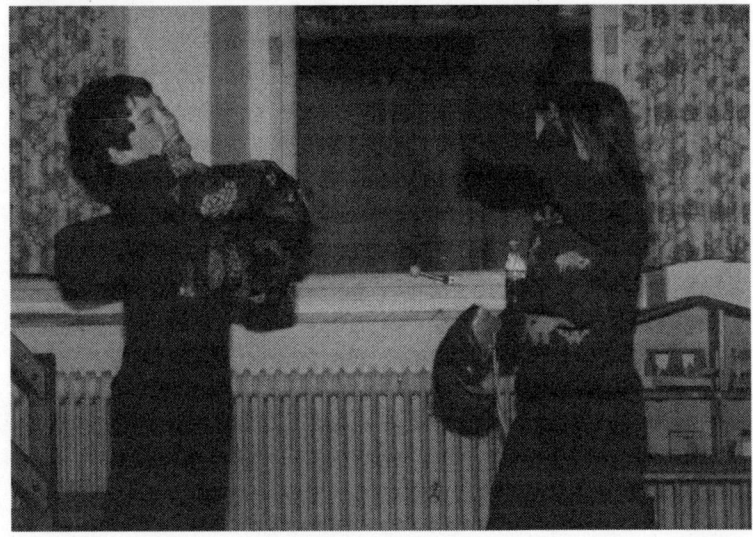

Dampf ablassen!
Ein häufiges Ritual in der Anfangsphase

Praxisteil: Der Gruppenprozeß

Die Anfangsphase und ihre Voraussetzungen

Wir haben in der Regel mit unseren Kindergruppen im Monat Oktober begonnen. Die Dauer der Gruppe war auf ein knappes Jahr bemessen und sie endete im August. Der jahreszeitliche Rhythmus hatte für die Dynamik der Gruppe eine nicht zu unterschätzende Bedeutung. Der Beginn im Herbst begünstigte den Rückzug der Gruppe in die warmen Räumlichkeiten unseres Hauses. Die Kohärenz der Gruppe wurde im Erleben der Kinder durch die Außenfaktoren verstärkt, und es war immer in den beginnenden Spätherbst- und Wintermonaten ein Drang vorhanden, sich mit Hilfe von weichen Materialien wie Decken und Kissen, aber auch mit Kartons und anderem intimere Räume für den persönlichen Rückzug zu schaffen. In der dann beginnenden Weihnachtszeit wurde viel in der Küche mit Teig gematscht und in anderen süßen Lebensmitteln wie Nüssen, Rosinen und Schokoladengüssen geschwelgt. Das Ende des Winters machte sich für die Gruppe durch die Fastnachtszeit bemerkbar. Die Kinder begannen sich nicht nur in den Gruppenräumen zu verkleiden und zu schminken, sondern es gab eine erste Bewegung nach außen – man wollte sich in dieser Verkleidung draußen sehen lassen. Im beginnenden Frühjahr gab es dann das vehemente Bestreben der Kinder, sich den zwar eingeschränkten, aber eben doch vorhandenen freien Raum nach draußen zu erobern. Es gab Exkursionen, z.B. in das kleine Heckenstück direkt neben unserem Haus. Erste Ideen zum Bau von Baumhäusern oder Hütten tauchten auf, und die Räumlichkeiten im Haus wurden zusehends uninteressanter. Je wärmer es wurde, desto beliebter wurden Wasserschlachten, im Mai und Juni wurden Exkursionen geplant, die die Gruppe weiter weg führten, kleine Lagerfeuer kamen dazu, so daß die Gruppe schließlich außerhalb des Hauses eine Art Hordenleben führen konnte. In den ersten Ferienwochen fanden die letzten, oft auch ausgedehnteren Initiativen der Kindergruppe statt, und die Kinder konnten dann mit einem inneren Kraftpotential in den Rest der Ferien aus der Beratungsstelle verabschiedet werden.

Der jahreszeitliche Wechsel wird von den Kindern als eine „Gestalt" erlebt. Man hat in der Vergangenheit zu wenig beachtet, daß das Erleben eines solchen Rhythmus, wohl auch anderer Rhythmen, etwa von Monaten oder Wochen, heilende Bedeutung für die Psyche eines Kindes haben kann. Die Kinder – selbst auf dem Lande – haben in unserer artifiziellen und hochtechnologisierten Welt häufig den Bezug zu den wiederkehrenden Ereignissen verloren. Für Kinder ist es nicht mehr selbstverständlich, welchen Wechsel in der Natur die Jahreszeiten mit sich bringen, es ist auch nicht mehr selbstverständlich, daß die Kartoffeln vom Acker und nicht aus der Fabrik kommen. Wir sprechen ja bereits von Agrarfabriken. Rhythmen als eine Erfahrung des mit Sicherheit Wiederkehrenden können ein Gefühl von Geborgenheit bewirken, das Gefühl, in einem ordnenden Ganzen zu leben. Es beginnt mit dem Erleben des Säuglings bei den Intervallen der mit der Nahrungsaufnahme erfahrenen Zuwendung und anderen Ordnungen. Wahrscheinlich erlebt schon das werdene Kind den Rhythmus von Ruhe und Bewegung. Es wer-

Die Anfangsphase

den hier also sehr archaische Erlebensweisen der Vertrauensbildung angesprochen. In einem tiefen ökologischen Sinne lernt das Kind in einer oft chaotisch anmutenden Umwelt, sich in einem Oikos, d.h. in einem Haus, wiederzufinden. Das hat heilende Wirkung.

Die Kinder kommen also in der ersten Gruppenstunde im Oktober in den Gruppenraum. Sechs Kinder bilden eine Gruppe. Die Geschlechterverteilung fällt jedes Jahr anders aus. Vorausgegangen ist ein erster diagnostischer Einzelkontakt mit dem Kind und seinen Angehörigen. Wir haben dann die Erfahrung gemacht, daß allzu viele Überlegungen, wie die Gruppe zusammenzustellen sei, für den weiteren Fortgang nicht viel bringt.

In der in den ersten Minuten noch vorhandenen Schüchternheit sind die Kinder bereit, sich in einem mit Kissen vorbereiteten Sitzkreis zu setzen. Wir weisen sie auf die im Rahmen der Gruppe zur Verfügung stehenden Materialien hin, auf die Playmobilecke, auf die Ecke mit den vielen Kissen und Polstern (eine genaue Auflistung des Materials folgt im letzten Kapitel), auf den Nebenraum mit Werkmaterial, wie Ton, Farben, Papier u.a. Wir sagen ihnen auch noch, daß es in der Etage darüber eine Kinderküche gibt. Wir teilen ihnen mit, daß sie sich in den Räumen umsehen können, und daß sie spielen dürfen, was und mit wem sie wollen. Nur für die Küche müßten sie sich wegen der Lebensmittel eine Woche vorher anmelden. Verboten sei es, dem anderen ernstlich wehzutun. In einem solchen Fall würden wir eingreifen. Ansonsten könnten sie weitestgehend machen, was sie wollen.

Die Kinder sind zunächst überrascht. Von der Familie, vom Kindergarten oder der Schule her wissen sie, daß ihnen durch die Erwachsenen Angebote gemacht werden, womit sie sich beschäftigen sollen und daß ihnen Regeln gesetzt werden. Das scheint hier anders zu laufen, als sie erwartet haben. Erst gehen sie vorsichtig an Spielsachen und Materialien heran. Bald aber herrscht ein lautes Treiben, das meist von denen dominiert wird, die sich als erstes Gewehre und Pistolen gegrapscht haben. Bald werden durch die, die sich stark fühlen, Versuche gestartet, die anderen oder andere zu dominieren. Und bald kommt es zu ersten Konflikten, weil dem einen etwas weggerissen wurde, oder weil sie etwas haben möchten, das ein anderes Kind inzwischen als seine Eroberung, seinen Besitz für wenigstens diese Stunde ansieht.

Es können auch Bündnisse entstehen, weil zwei Mädchen feststellen, daß sie so ihre Interessen den anderen gegenüber besser durchsetzen können. Ein anderes Kind zieht sich resigniert in eine Ecke zurück, weil hier kein Erwachsener koordinierend in das Geschehen eingreift, Gute belohnt und die Bösen reglementiert.

Grundschulkinder verfügen bereits über ein festes Verhaltensrepertoire. Sie wissen, was Erwachsene von ihnen in bestimmten Situationen erwarten und reagieren dementsprechend, wenn sie es auch so wollen. Kinder dieses Alters verfügen allerdings auch über eine Reihe von Verhaltensmustern, mit deren Hilfe sie sich Erwartungen widersetzen, Erwachsene verunsichern, brüskieren und zu unüberlegtem Handeln provozieren können. Die sozialen Störungen, weswegen die Kinder für eine Gruppentherapie angemeldet wurden, sind entstanden, weil es für die Kinder effektive, manchmal sogar lebensnotwendige Verhaltensweisen waren, um Zuwendung oder zumindest Aufmerksamkeit zu erhalten, manchmal auch nur, um von den Erwachsenen mit ihren viel zu vielen Anforderungen in Ruhe gelassen zu werden. Nicht selten erlebten wir Kinder, die schon als Grundschulkinder einen Wochenplan hatten, der, oft verkompliziert durch die Arbeitszeiten eines oder beider Elternteile, dem Terminplan eines Managers in einem Industriebetrieb ähnelte: Schule, Hausaufgaben, Turnverein, Jugendmusikschule, Theatergruppe, Besuche bei Freunden oder Freundinnen, Nachhilfeunter-

Die Anfangsphase

richt, Fernsehserien oder Verpflichtungen im Haushalt und Besuch beim getrennt lebenden Vater.

Jetzt gibt es plötzlich einen Freiraum, der durch keine Vorgaben der Erwachsenen vorstrukturiert ist. Die Kinder kommen, wie sich später in Gesprächen herausstellt, eher mit der Erwartung, daß sie in der Therapiegruppe auf besondere Weise diszipliniert werden. Sie kommen ja zunächst nicht freiwillig, sondern wissen, daß diese Maßnahme eingeleitet wurde, weil es in der Schule und zu Hause Schwierigkeiten gab. Jetzt ist es in der Gruppe anders, und obwohl insgeheim der Wunsch vorhanden sein mag, von niemandem Vorschriften zu hören, wirkt die ungewohnte Situation verunsichernd, weil man nicht so ohne weiteres auf bekannte Verhaltensmuster zurückgreifen kann. Lärm und Toben bringen die Erwachsenen ebensowenig auf den Plan wie unverschämte Redensarten, weinerlicher Rückzug setzt die Helfer auch nicht in Bewegung und selbst dort, wo der Versuch gestartet wird, andere Kinder zu quälen, ist die Reaktion der Erwachsenen eine andere als in der Schule.

Wir versuchen hier also zu Beginn die Technik des „Unfreezing" anzuwenden. Gewohnte Verhaltensmuster sollen aufgetaut werden, indem eine Situation geschaffen wird, in der sie nicht mehr besonders sinnvoll erscheinen. Ursprünglich war das Unfreezing eine Vorgabe für Gruppen von Erwachsenen im gruppendynamischen Training. Wir haben mit diesem Vorgehen bei den Grundschulkindern gute Erfahrungen gemacht. Die Überzahl von Anforderungen und Regeln überdeckt das große kreative Potential, das Grundschulkindern noch zur Verfügung steht. Das gleiche gilt für die Verhaltensstereotypen, die sie sich zulegen mußten. Der ungewöhnliche Freiraum führt die Kinder in eine Regression. Sie gehen in einen anderen Verhaltensbereich zurück, der weniger klischeehaft ist, sondern näher bei ihren eigenen Impulsen liegt. Anders als die verschiedenen Freudianer werten wir den Rückzug in einen kindgemäßen Verhaltensbereich nicht negativ, sondern sehen es als Weg zurück zu den eigenen kreativen und persönlichen Potentialen.

Obwohl diese erste Phase des Unfreezing und der Regression einige Wochen dauern kann, und in ermüdender Stereotypie, Machoverhalten, Opferverhalten, Rückzugsverhalten, werbendes Verhalten um die Gunst der vorhandenen Erwachsenenautoritäten reproduziert werden, gibt es doch Momente der Erschöpfung, insbesondere in den letzten Phasen der Gruppenstunden. Die Kinder beginnen selbst nach einem Ausgleich im Blick auf ihr bisheriges Verhalten zu suchen. Harte Aggressionen, z.B. mit versuchten Fußtritten, Fesselungen, Schlägen mit dem Gewehrkolben oder was es dergleichen noch gibt, werden in ein positiveres und sinnvolles Kontaktverhalten verändert. Für uns als Gruppenleiter ist es sehr wichtig, diese Momente zu erkennen und bei den Kindern kleinste Impulse wahrzunehmen, die vielleicht einen Wunsch nach einem veränderten Verhalten beinhalten, und auf sie zu reagieren. Ein Mädchen findet „die ewige Schießerei" öde. Wir fragen sie nach ihren Wünschen, die Therapeutin setzt sich zu ihr, und beide machen es sich in einer Ecke gemütlich. Als die Rennnerei mit den Gewehren wieder einmal etwas abflaut, aber noch genügend Spannung zwischen einzelnen in der Gruppe da ist, wirft der Therapeut ein Kissen. Daraus entwickelt sich eine Kissenschlacht, wobei sich ein Kind auch mal zurückzieht, wenn es ihm zu heftig wird. Diese Kissenschlachten können sich dann in den darauffolgenden Stunden wieder und wieder ereignen und verändern.

Es werden Schlachtpläne entworfen, Barrieren und Fliehburgen gebaut. Es gibt Zweier- oder Dreierkämpfe mit den bereitliegenden weichen Fechtkeulen (Batakas). Manchmal verwandeln sich die Kämpfe in einen vorsichtigen Körperkontakt, wenn die Gruppe erschöpft in der Matratzenecke des Gruppenraumes liegt. Nicht selten entwickeln sich Kis-

Die Anfangsphase

senschlachten im Laufe der Wochen schließlich zu Raufereien mit körperlicher Kontaktaufnahme, die nicht mehr gefährlich sind, nicht von Schlägen und Tritten leben, sondern ein sich gegenseitig akzeptierendes Raufen darstellen, das keine Ängste auslöst, sondern Spaß macht. Momente, welche die besondere Achtsamkeit der Therapeuten herausfordern, können aber auch so aussehen, daß Kinder, die sich zuerst aus Angst in eine Töpferarbeit geflüchtet haben, beginnen, mit kleinen Tonkügelchen aufeinander zu werfen. Das ist ein wichtiger neuer Impuls, weil die Tonarbeit meistens ein stereotypes Verhalten darstellt, das man bereits im Kindergarten erlernt hat. Mit den herumfliegenden Tonkügelchen wird Kontakt aufgenommen. Oft ist das der Beginn eines Prozesses, der Lachen hervorruft und zu einem selbsterfundenen Gruppenspiel ausgestaltet wird.

Mit Farben wird plötzlich nicht mehr brav ein Papier bemalt, sondern man malt sich selbst die Nase an oder nimmt in einer entsprechenden Form, die ja nicht weh tut, Kontakt mit den anderen auf. Andere beginnen sich mit einem Teil der Gruppe in eine selbstgebaute Schmuseecke zurückzuziehen. Kurzum, die einzelnen in der Gruppe haben entdeckt, daß sie Bedürfnisse haben, daß sie über ihre Aggressionen hinaus Kontaktwünsche haben, daß es nicht verboten ist, zum anderen freundlich zu sein, und sie fangen an, derlei Wünsche und Bedürfnisse vorsichtig auszuprobieren.

So lassen die Kinder mit der Zeit ihre Muster und ihre aufgesetzten Verhaltensweisen fallen, die ihnen im Alltag situativ Vorteile brachten, die sich aber in der Gruppe zusehends als Kontakthindernis erweisen und insbesondere nicht zu einer wirklichen Befriedigung ihrer spontanen Impulse nach Angenommensein und Beachtung führen. So werden die alten Verhaltensmuster zunächst punktuell verlassen und eigene Phantasien werden ausprobiert und prägnant.

Wir haben für die Anfangsphase des weiteren riesige Stöße von Zeitungen bereitgestellt, mit denen und in denen die Kinder sich austoben können. Zeitungen sind ein gutes Material, um es herumzuwerfen, um es zu zerreißen, zu zerknüllen, um auf andere zu werfen, ohne daß es weh tut. Schließlich kann man sich in den Bergen zerknüllten und zerrissenen Papiers gut verstecken, zudecken lassen, andere damit bedecken.

Andere Materialangebote sind große Mengen aufgeblasener und nicht aufgeblasener Luftballons. Sie bieten über die Zeitung hinaus die Möglichkeit zum tänzerischen Spiel miteinander. Luftballons kann man auch zerknallen lassen, was in der Gruppe vielfältige Reaktionen hervorruft. Ebenso haben sich große Bälle bewährt, die allerdings nicht schwer sind, sondern aus einer nicht allzu dicken aber durchaus haltbaren Gummihülle bestehen.

Gegen Ende der Gruppentherapiestunden stürmten die Kinder auf ein Zeichen hin die Treppen in die obere Etage hinauf zur Küche. Dort stehen auf dem Tisch in der Sitzecke Tee oder Saft, Kekse, Nüsse, manchmal auch Obst bereit. In der Schlußrunde geben die Kinder in zwangloser Folge Kommentare zum Verlauf der Stunden von sich, oder sie lassen Ärger ab: „Das war gemein von dir, Birgit, daß du mich nicht in dein Haus gelassen hast". Es gibt erotische Anspielungen: „Ich glaube, der Karl ist in die Maria verliebt", „die Birgit hat schon einen richtigen Busen", was sich dann zu einem weiteren Austausch über derlei Probleme entwickeln kann, an dem sich auch die Therapeuten beteiligen können. Manchmal kommen auch Themen von außen, ein Schulerlebnis und anderes ins Gespräch. Schließlich wird über Vorhaben in den nächsten Therapiestunden diskutiert. Es kann auch passieren, daß Kinder ihren Frust aus den vorhergehenden Stunden oder über die üblichen Essensregeln ausagieren. Dann beginnen sie mit den Haselnüssen auf andere zu werfen, lautes Rülpsen ist zu hören oder sie inszenieren mit Löffelklap-

Die Anfangsphase

pern und anderen kreativ entwickelten Geräuschen ein lautes Schlußkonzert.

Die Schlußrunde ist für uns immer ein wichtiger Ort, an dem die Kinder die Gelegenheit haben, offene, unabgeschlossene Themen anzusprechen. Wir sind mit großer Aufmerksamkeit dabei. Wir können von den Kinder hören, was sie beschäftigt. Manchmal erhalten wir Hinweise auf Konflikte, die uns entgangen sind. Nicht zuletzt können wir dabei auch unsere Meinung zu angeschnittenen Themen in einer Situation äußern, in der die Kinder bereit sind zuzuhören.

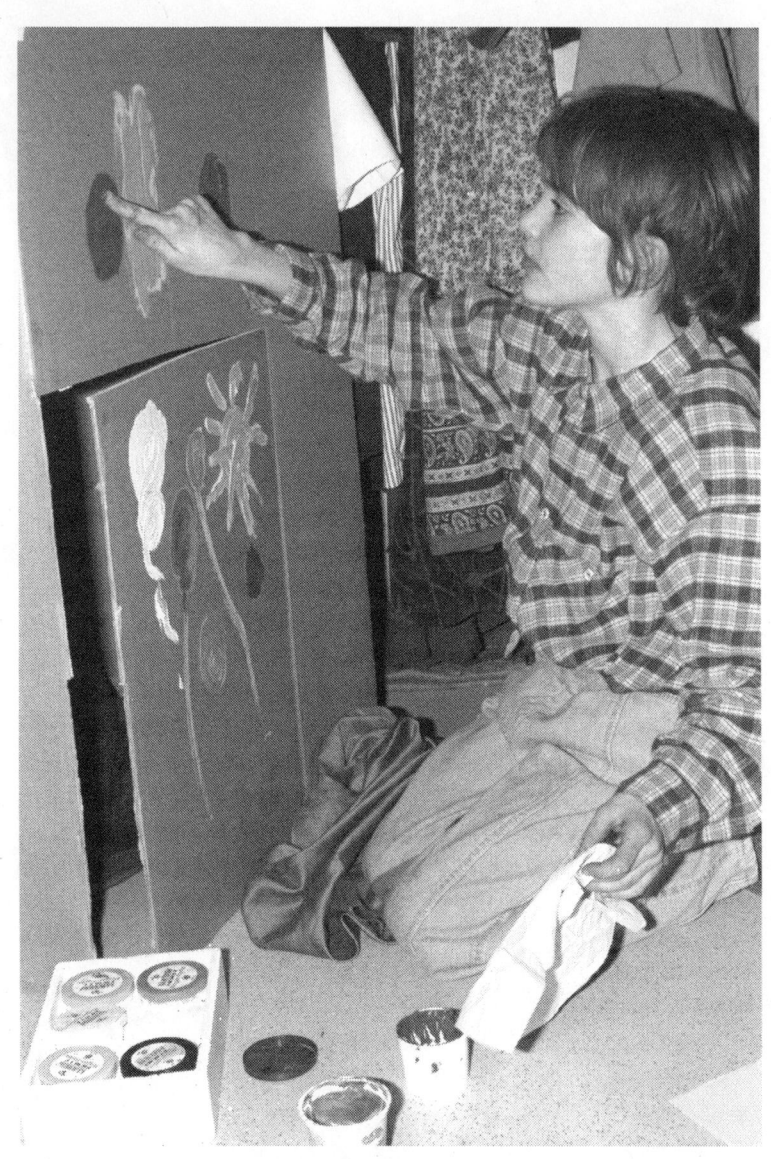

Letzter Schliff beim Hausbau

Zweite Gruppenphase:

Das Leben in der Höhle und am Herd

Wir haben die Erfahrung gemacht, daß die Kinder nach der Eingangsphase immer mehr fähig werden, ihre alltäglichen Muster hinter sich zu lassen. Die Bedürfnisse nach Kontakt ohne Aggression und nach Zusammenspiel bis hin zum Bedürfnis nach Körperkontakt untereinander wurden deutlicher und nahmen in den Gruppensitzungen immer mehr Raum ein. Mit Beginn der Therapiestunden betraten die Kinder darüberhinaus einen anderen, inneren Raum, in dem sie bisher verborgene, eigene Phantasien entdecken konnten. Niemand verlangte, daß sie diese Bilder gleich wieder wegstecken mußten. Es waren einfache, archaische Bilder, die die Kinder mithilfe der vorhandenen Materialien spielerisch Realität werden ließen. Ihre Themen waren Höhlen, Hütten und Herd als Ausdruck für Geborgenheit, Angenommensein und menschliche Wärme. Es bedurfte fast keiner oder nur ganz unmerklicher Interventionen von Seiten der Gruppentherapeuten, mit denen die Realisierung der Phantasien unterstützt wurden. Die Kinder waren hoch motiviert und äußerst engagiert, das, was in ihrer Phantasie auftauchte, Gestalt werden zu lassen.

Obwohl es schon Momente gegeben hatte, in denen sich die Kinder in die „weiche Ecke" des Spielraumes zurückgezogen hatten, oder in denen sie für Minuten in das vorhandene Spielhaus aus Holz gegangen waren, entfaltete sich nun eine Tätigkeit, in deren Mittelpunkt das Erstellen von Höhlen, Zelten oder Häusern stand. Jedenfalls ging es darum, daß sich die Kinder Behausungen schafften. Sie begannen, mit großen Pappen aus Kartons geschnitten, oder mit ganzen Kartons, mit Seilen, Hölzern und Decken diese Behausungen zu errichten. Das konnte sehr verschieden aussehen. Waren es anfangs häufig individuelle Höhlen, so führte der Prozeß in weiteren Sitzungen dazu, daß Untergruppen zusammen an einer Behausung bauten, die aus einem oder auch aus vielen Räumen bestehen konnte. Es gab auch Sitzungen, in denen die ganze Gruppe an einem großen Projekt arbeitete. So wurde zum Beispiel eine große Plane aus Fallschirmseide über die eine Hälfte des Spielzimmers gespannt. Das konnte ein großes Gemeinschaftshaus geben. Wichtiger fast als das Ergebnis war der Prozeß des Aufbaus, bei dem es viel Spaß machte, sich in dem riesigen Tuch zu verstecken, zu verwickeln, übereinanderzupurzeln usw..

Die Höhlenhäuser wurden mit einer sehr liebevollen weichen Innenausstattung versehen. Wir gaben auch Gelegenheit, die Kartons mit Fingerfarben zu bemalen. Fenster oder Türen wurden in die Kartons geschnitten, Vorhangtüren erfunden. Die Inneneinrichtung wurde mit Spielmaterial weiter vervollkommnet. Nicht selten wurde das Bedürfnis geäußert und realisiert, Eßmaterial aus der Küche mit in die Hütten zu nehmen. So entfaltete sich ein reges Leben, erst in den einzelnen Häusern und dann im Austausch zwischen den Häusern untereinander. Es gab Schmusekontakte zwischen denen, die sich mochten. Es entstanden ansatzweise Rollenspiele mit Verkleidungen, mit dem Austausch von Waren und mit Heiratsangeboten zwischen den Hütten. Wie in einem kleinen Dorf konnte es zugehen, in dem es Händler, Jäger, eine Krankenstation, vielleicht auch einen Aufseher gibt.

Das Leben in der Höhle und am Herd

Aber auch Konkurrenz und Kämpfe tauchten jetzt differenzierter auf. Anlässe dafür waren der Raub von Waren oder Personen, unfreiwillige oder mutwillige Zerstörungen und Gerüchte über irgendwelche Vorhaben der anderen, denen man entgegentreten möchte. Es gab Krieg zwischen den Hütten, der mit Kissen und Wurfgeschossen ausgeführt wurde und der schließlich zur Zerstörung all dessen führen konnte, was aufgebaut worden war. Auf den Ruinen, meist gegen Ende der Stunde, fanden Versöhnung und Friedensgelübde statt.

Im gleichen Zeitraum drängten die Kinder auch in die Küche unseres Hauses. Den Kindern war schon in der ersten Sitzung die Küche gezeigt worden. Ihnen war die Möglichkeit verdeutlicht worden, daß man hier zusammen backen und kochen könne. Nun war es inzwischen Ende November geworden, die Weihnachtszeit stand ins Haus und das förderte die Intention der Kinder, für das gemeinsame Backen die Küche zu benutzen. Hierfür stellten wir große Berge von Teig und viele Süßigkeiten zur Verfügung, mit denen man Weihnachtsgebäck verzieren konnte. Da waren Zuckerstreusel, Schokoladenstückchen, Nüsse, Mandeln, Rosinen, aufgelöster Puderzucker, Schokoladenguß zum Verstreichen, Eigelb und vieles andere mehr. So setzte in der Küche ein großes Manschen und Schmatzen ein. Irgendwelche Plätzchenformen, die in einer Ecke lagen, blieben völlig unberührt liegen. Die Kinder hatten überhaupt kein Interesse, traditionelles Gebäck herzustellen. Sie waren interessiert daran, eigene neue Formen auszuprobieren. Es gab die unglaublichsten Kombinationen und Ideen. Das Ergebnis, das schließlich aus dem Ofen herauskam, war von drittrangiger Bedeutung. Wichtig war den Kindern, daß sie mit dem Teig nach Belieben manschen und schmieren konnten, daß sie auch unkontrolliert Unmengen von Nüssen, Rosinen und vielem Zuckerwerk in sich hineinstopfen konnten.

Über Tische und Stühle und schließlich bis auf den Boden breiteten sich Teig, Mehl und Zuckerwerk aus. Die Backröhren sorgen für die anscheinend zusätzlich notwendige Hitze. Angenehme Gerüche durchzogen den Raum. Die Küche wurde zu einer Art Festhöhle und in der Gruppe entwickelte sich eine ausgelassene und fröhliche Stimmung. Das Ganze wurde wie ein echtes Festmahl erlebt, das im starken Kontrast zu dem häßlichen November- oder Dezemberwetter draußen stand. In der Phantasie der Gruppe wurde diese Festhöhlenküche in Zusammenhang mit den Behausungen im Spielzimmer gebracht. Gebackenes wurde für die nächste Stunde gesammelt und gestapelt, um es dann zusammen mit Getränken in die Hütten zu nehmen und zu verzehren. Die Fertigprodukte sind zwar nicht mehr so schmackhaft wie der frische Teig und die süßen Zutaten, aber sie kamen für alle Fälle als Vorratshaltung in die Behausung, auch wenn sie oft unbeachtet liegen blieben.

Nach den ersten Wochen war die Gruppe untrennbar zusammengewachsen. Eltern wunderten sich, daß Kinder, die anfangs nur zögerlich in die Gruppensitzungen gekommen waren, dem nächsten Termin entgegenfieberten. In dieser Zeit bekamen wir nicht selten auch von den Schulen erste positive Rückmeldungen. Weder Eltern noch Lehrer konnten sich allerdings so recht eine Vorstellung von dem machen, was da in der Beratungsstelle passierte. Nach der ersten tiefen Verunsicherung erlebten die Kinder, daß sie angenommen wurden und daß es nichts brachte, irgendwelche Verhaltensmuster zu reproduzieren, um Aufmerksamkeit und Zuwendung zu bekommen. Auch die anderen Kinder in der Gruppe waren nicht einfach durch bloßes Dominanzverhalten zu manipulieren. Es gab in der Gruppe Momente, die deswegen interessant wurden, weil sich etwas entwickelte, das einen innerlich packte. Man konnte mit sich allein oder mit den anderen etwas schaffen, bauen oder spielen, was ein gutes Gefühl mit sich brachte.

Das Leben in der Höhle und am Herd

Die Kinder erlebten, daß sie Aktivitäten entfalten konnten, mit denen sie ein Gefühl von Geborgenheit und Schutz oder aber auch einen echten und befriedigenden Kontakt zu den anderen aufbauen konnten. Da gab es für sie einen Raum, in den sie sich zurückziehen und von dem aus sie Kontakt entfalten konnten, wenn sie wollten. Das heißt nun nicht, daß es in der Gruppe keine weiteren Fehden zwischen einzelnen oder Untergruppen gab. Aber jetzt war eine Basis geschaffen. Das waren Erlebnisse, die gut taten, die nicht von außen gesetzt oder an Bedingungen der Erwachsenenwelt geknüpft waren. Die Angst, ausgestoßen zu sein und den Boden unter den Füßen zu verlieren, war einer ersten Erfahrung von Dazugehörigkeit, eigener Stärke und Schaffenslust gewichen.

Robine Hood!

Die Zeit der Prinzessinnen und Helden

Durch die Ferien zu Weihnachten und zum Jahreswechsel ergab sich im wöchentlichen Gruppenrhythmus eine längere Unterbrechung. Die Pause war, wie sich immer wieder zeigte, im richtigen Moment gekommen. Nach den intensiven regressiven Erlebnissen in den Hütten und in der Küche schien es wichtig, von dieser dichten Emotionalität Distanz zu gewinnen. Als sich die Kinder Mitte Januar wieder zur Gruppensitzung trafen, war wenig Energie für den Höhlenbau spürbar und auch die Küche hatte ihre große Zeit hinter sich.

Eine neue Phase kündigte sich an. Die Aufmerksamkeit der Kinder richtete sich auf die Kleiderkiste, und sie hielten sich viel in der Schminkecke auf. Das wurde jahreszeitlich durch die sich ankündigende Fastnachtszeit mitbegünstigt. Wir stellten die aufnahmebereite Videokamera in einer Ecke des Gruppenraumes auf. In der Gruppe begann nun die Zeit der Helden und Prinzessinnen. Die Werkecke war gefragt, weil man sich jetzt Lanzen und Schilde herstellen wollte, aber auch die Fertigung von Schmuck, Königskronen und anderen Ausstattungsgegenständen wurde in Angriff genommen.

Natürlich – für jeden, der mit Kindern in diesem Alter

arbeitet, eine Selbstverständlichkeit – war der große Bruder Video mit dabei, um Stoff für Aufführungen und Rollen zu liefern. Zu unserem Erstaunen stellte sich jedoch in jeder Gruppe, die wir die Jahre über hatten, eine besondere Entwicklung ein. Der platte Westernheld mit seinen Peng-Peng-Gewehren und Pistolen hatte sich im wörtlichen Sinne bald totgelaufen. Es gab zwar bei einzelnen Kindern Perseverationen über Wochen, in denen sie sich an solchen Rollen festklammerten. Aber die Dynamik der Gruppen entwickelte sich weiter. Der schießwütige, um sich tretende Held wurde für langweilig erklärt. Das war in einer reinen Jungengruppe genauso, obwohl häufig in den gemischten Gruppen gerade die Mädchen den Tod der Westernhelden forcierten, weil ihr Interesse für diese Rolle und ihre Tätigkeit immer geringer wurde. Statt dessen lebten die alten Königinnen und Prinzessinnen auf. Robin Hood war der Auslöser für selbst ersonnene Heldenepen, Zauberer und Hexen wurden zu wichtigen Mitspielern. Manchmal kamen bizarr geflügelte Gestalten aus dem Weltraum hinzu, um drachengleich in die Heldengeschichten einzugreifen.

Häufig wurde die Geschichte der bedrohten Prinzessin gespielt, die von einem Bösen geraubt und versteckt wurde. Oder sie wurde auch zu einer Hexe gebracht, die sie in ein anderes Wesen verzauberte. Und dann kam der Prinz, der die Prinzessin alleine oder mit Hilfe eines Zauberers befreite. Manchmal war damit die Geschichte zu Ende, manchmal schloß sich eine große Siegesfeier an, die mit Tänzen ausgeschmückt wurde. An den ausgelassenen, oft sehr lauten Triumphtänzen nahmen alle Kinder teil, für die feineren höfischen Tänze zur Flöte waren nicht immer alle Jungen zu begeistern. Jeder nahm gerne ein Rhythmusinstrument zur Hand, um auf diese Weise an der Festlichkeit teilzunehmen. Wir haben in den einzelnen Gruppen erhebliche Unterschiede erlebt, wie die Kinder ihre Potentiale eingesetzt haben.

Die Zeit der Prinzessinnen und Helden

Fast immer aber bestand die dargestellte Handlung in einer Bedrohung, die durch eine Art kathartischer Handlung in ein befreiendes Erlebnis umgewandelt wurde.

Die Durchführung der einzelnen Stunden sah in diesem Zeitraum sehr verschieden aus. Manche Gruppen entwickelten über mehrere Treffen hinweg eine Geschichte und spielten sie schließlich mit großer Sorgfalt. Zu anderen Zeiten wurde in einer Gruppe zwar ein detaillierter Spielplan entworfen, der allerdings so nie zur Ausführung kam, weil beim Spielen schon wieder neue Phantasien auftauchten und in die Praxis umgesetzt wurden. Manchmal führten ein paar Ideen dazu, daß sich die Kinder verkleideten. Der Beginn einer Geschichte wurde verbal entwickelt. Zu einem ausführlichen Spiel ist es dann nicht mehr gekommen. Denn bis alle die richtige Schminke und Verkleidung gefunden hatten oder bis die dazugehörigen Utensilien fabriziert waren, war die Stunde zu Ende. Häufig wurde das ohne größeres Bedauern zur Kenntnis genommen und als Realität akzeptiert.

Wir haben keine Unterschiede im Hinblick auf die Erlebnisqualität bei den Kindern erlebt, ob die Geschichte nun im Detail drehbuchartig entwickelt und dann gespielt wurde, oder ob es nur zu Verkleidungen und verbal ausgehandelten Phantasien kam. Wichtig war offensichtlich, daß die Kinder sich in entsprechende Rollen versetzen konnten, daß sie die Rollen ausstaffieren konnten, so wie sie wollten, und daß anhand oder mit Hilfe der vorhandenen Materialien viele Ideen und Phantasien entwickelt werden konnten. So gab es zum Beispiel Spezialisten unter den Kindern, die mit den vorhandenen Trommeln, Pfeifen und Flöten faszinierende Geräuschkulissen entwickelten. Durch die Kreativität anderer entstand mit Hilfe von Dosen, Tellern, Holzstückchen, Löffeln, Gabeln und Kämmen ein ganzes Orchester mit eigenem Klang. Dazu kamen die Stimmen der Kinder, die sich mit lauten, oft verbotenem, hier aber erlaubtem Geschrei, Luft machten

Gestalt-Gruppentherapie mit Kindern

und danach unversehens in ein gemeinsames Piano übergehen konnten. Andere formulierten gekonnte und witzige Zwischenansagen. Die Mädchen neigten eher dazu, an bestimmten Stellen ihre frei erfundenen tanzartigen Bewegungen ins Geschehen einzufügen. Mit großem Engagement wurde schließlich der Bereich der „Bühnentechnik" entwickelt. Es gab gute und böse Helfer, die an Seilen herabschwebten. Burgen aus den vorhandenen Schaumstoffmatratzen wurden mit raffinierten Falltüren versehen, Hexenhäuser standen verlockend in einer Ecke des Spielzimmers und natürlich fehlte auch nicht der prächtige Thron des Königs, der sein Reich dem Retter der Tochter übergab.

Für uns waren das alles Instrumente, um das Erleben und Phantasieren der Kinder anzuregen. Wir versuchten dafür zu sorgen, daß die Kinder von den anderen nicht auf bestimmte Rollen festgelegt wurden. Wir hüteten uns selbst tunlichst, durch Interpretation die Kinder auf eine bestimmte Rolle festzulegen und anzusprechen. Wichtig schien, den Kindern die Möglichkeit einzuräumen, das Miteinander auszuleben, was in ihnen an Phantasien über die guten Helden und Prinzessinnen entstanden war. Sie sollten auch ihre Ängste in gleichsam verkleideter Form zeigen können, indem sie das für sie Bedrohliche in der Dynamik ihrer Handlungen zum Ausdruck brachten. Schließlich konnten die Kinder selbst Befreiungserlebnisse und den Sieg der guten Kräfte zur Darstellung bringen. Der Prozeß des Durchlebens im Spiel war für das Kind ein Bekanntwerden mit den Energien, die ihm innewohnten, und das konnte zum Annehmen und damit zur Integration dieser Kräfte, oder zur bewußten Abgrenzung von ihnen führen. Diesen Vorgang nennen wir Gestaltwerdung.

In der Gruppenphase der Helden und Prinzessinnen setzten sich die Mädchen und Jungen intensiv mit uns Erwachsenen auseinander. Dabei ist uns wichtig, zu beschreiben,

Die Zeit der Prinzessinnen und Helden

welche Dynamik sich im Laufe des Gruppenprozesses entwickelte. Bereits im Verlauf der Anfangsphase hatte es vorsichtige Annäherungsversuche auf körperlicher Ebene an die Erwachsenen gegeben. Die Kinder hatten damals zum einen getestet, wie sich die Erwachsenen verhalten, wenn sie ein Kissen an den Kopf bekommen. Es gab auch deutliche Signale, in der Schmuseecke von der Therapeutin oder dem Therapeuten in den Arm genommen zu werden, kurzum auf körperlicher Ebene Akzeptanz, Nähe und Wärme zu spüren. Ab und zu hatten einzelne Kinder in der Gruppe die Erfahrung gemacht, daß sie von den Erwachsenen festgehalten wurden, wenn sie ein anderes Kind quälten und so attackierten, daß es bei ihm Schmerzen auslöste. Während der Zeit der Höhlen und des Herdes traten die Bedürfnisse nach körperlichem Kontakt mit den Erwachsenen mehr in den Hintergrund. Man ging die Erwachsenen um technische Hilfe an und erwartete, daß sie benötigte Materialien bereitstellten. Ab und zu wurden sie für einen Moment in eines der Häuser eingeladen. Aber das war alles sehr vorsichtig und wenig energiegeladen.

Jetzt trat ein völlig neuer Moment im Umgang mit den Erwachsenen auf: sie wurden im Spiel bekämpft, überwältigt und besiegt. Dabei waren die Rollenzuschreibungen für die Erwachsenen innerhalb eines Spieles recht dürftig. Die Erwachsenen wurden anscheinend schon so, wie sie da waren, als irgendwelche Kolosse, gefährliche Riesen oder Monster erlebt. Man brauchte sie nicht erst in die Rolle des Räubers, des Raubritters, des bösen Zauberers oder der Hexe zu verkleiden. Jetzt wurden Versuche unternommen, diese gefährlichen Monster lahmzulegen. Ein beliebtes Spiel war die Fesselung des Riesen mit Seilen, dem wir uns nicht entzogen. Wir erinnern uns intensiv des unglaublichen Triumphgeheules und des spontanen Freudentanzes, als wir gefesselt am Boden lagen. So muß es gewesen sein, als die archaischen Jäger um einen gefangenen Widder oder Bison herumtanzten. Mir fiel ein, daß ich im Athener Nationalmuseum eine Ton- oder Metallgravur entdeckt hatte, auf der ein in Seilen und Netzen gefangener Stier von triumphierenden Jägern umgeben war. Es ist ein heilsames Gefühl für einen Erwachsenen, am Boden zu liegen, die Rolle des Ohnmächtigen inne zu haben und eine triumphierende Kinderhorde über sich zu erleben. Es kam bei diesen und anderen Szenen auch ohne unser Intervenieren nie zu Situationen, in denen uns wirklich weh getan worden wäre. Neben den Fesselungen war es beliebt, die Riesen in ein Verließ zu sperren. Hier bleibt unvergeßlich, wie wir da unten in einer Ecke lagen während die Kinderhorde sich hoch darüber auf der oberen Plattform des Spielhauses versammelt hatte, um in einer Art Triumphmahl Kekse zu verzehren und Limonade zu trinken. Ab und zu warf einer der hohen Herren einen Brocken ins Verließ, damit die Gefangenen nicht völlig verhungerten. Die Helden- und Prinzessinnenphase war ohne diese Szene undenkbar. Es gehörte zur Dynamik dieses Abschnittes, daß die Gruppe als Ganzes erlebte, daß sie Stärke entwickeln konnte, um Wesen mit größeren körperlichen Kräften nicht einfach ausgeliefert zu sein, sondern sich ihnen gegenüber behaupten und sie in ihre Schranken verweisen zu können.

In diesem Zeitabschnitt – Fastnacht war nicht weit – wurden Exkursionen unternommen. Die Gruppen wagten sich aus dem schützenden Rahmen der Beratungsstellenräume heraus. Dafür hatten sie sich ausgerüstet: Die Kinder hatten sich verkleidet, geschminkt und sich Waffen oder Zauberwerkzeug für ihren Schutz zugelegt. Als Zaubermaterialien nahmen sie z.B. bunte Tücher mit, um mit ihnen schnell das Gesicht vor anderen verbergen zu können. Manchmal schwenkten sie die Tücher auf elegante oder beschwörende Weise um sich herum. Beim Gang durch die Straßen des Viertels und auf den Wegen des Stadtparks begegnete man anderen, meistens unbekannten Erwachsenen. Ihre Stärke, die sie in der Gruppe fühlten, machten die Kinder der Außenwelt in ritualisierter Form kund. Die Ritter klapperten mit ihren Spießen, Robin Hood mit seinen Pistolen, die Prinzessinnen oder Feen schwenkten ihre Tücher. Das reichte schon, und es kam zu keinen unschönen Szenen, auch wenn die Erwachsenen nicht mitspielten, die Rituale der Kinder nicht verstanden oder gar nicht registrierten. Es war wohl ein gutes Gefühl, sich mit den anderen und in dieser Rolle der Außenwelt gegenüber zu zeigen, sich sicher zu fühlen und in der Gemeinschaft Angenommensein und Geborgenheit zu erleben. So konnten sie anderen gegenüber bestehen und brauchten weder Angst noch unkontrollierte Aggressionen zu entwickeln.

Wenn die Gruppe im Gruppenraum agierte, vor allen Dingen, wenn sie kleine und große Szenen spielte, wurde mit allgemeiner Zustimmung die Videokamera eingeschaltet. Niemand zeigte hier Befangenheit. Neue Eindrücke brachte das Anschauen der Bänder mit sich, das auf allgemeinen Wunsch hin möglichst noch am Ende der Stunde oder als Anknüpfungspunkt zu Beginn der nächsten Gruppensitzung stattfand. Für eine Zeitlang saßen die Kinder wie gefesselt vor dem Bildschirm, um sich im Zusammenspiel mit den anderen zu sehen und zu hören. Manchmal hatte sich einer als Ansager geübt, das kommende Stück angekündigt oder zwischendurch einen Kommentar dazu abgegeben, vielleicht von einem Zweiten mit einer Trommel oder einem anderen Geräusch begleitet. Bei den Kindern setzte großes Erstaunen während der Vorführung ein, weil sie erlebten, wieviel Spontanes, situativ Komisches, in der Sprache Fehlerhaftes beim Vorspielen der Bänder deutlich wurde. Allen wurde etwas von der Illusion über die laufenden Bilder genommen. Ihnen wurde deutlich, wie perfektioniert und ausgefeilt im Unterschied zu den eigenen Produktionen das ist, was man am kommerziellen Bildschirm erlebt. Darüber wurde nicht viel gesprochen, doch kurze Kommentare zeigten deutlich die Ernüchterung. Beim Ansehen der Bänder nahmen die Kinder schließlich am ehesten die Gelegenheit wahr, sich gegenseitig ein spontanes Feedback nicht nur über eine gelungene Darstellung, sondern auch über die Glaubwürdigkeit in der Darstellung einer Rolle zu geben. Kleine Verhaltenseigenarten und Gewohnheiten, wurden eifrig registriert und kommentiert. Für uns war dieser Aspekt der Medienerziehung allerdings weniger wichtig. Das neuerliche Ansehen der gespielten Rollen war wie ein zweites, nicht mehr so intensives und eher distanziertes Erleben des Gruppengeschehens. Die Gruppenmitglieder erhielten die Möglichkeit, etwas Abstand zu den oft packenden emotionalen Erlebnissen des vergangenen Spieles zu bekommen. Die Entwicklung einer, wenn auch geringen, emotionalen Distanz zu sich selbst schien das Erlebte zu vertiefen und die Bezüglichkeit und Verfügbarkeit für die eigene Phantasiewelt zu unterstützen.

Die Zeit der Prinzessinnen und Helden war schlußendlich ohne das Thema Erotik nicht denkbar. Selbst wenn in der Gruppe ausschließlich Jungen waren, wurde dieses Thema nicht ausgespart. Die Sprache war dann noch rauher, was den erotisch sexuellen Bereich angeht. Aber die Ritter auf ihren Burgen und die Könige in ihren Schlössern tauschten sich zu diesem Thema bisweilen wortreich aus. Und sie zogen zu ihren Turnierspielen oder Fehden ins fremde Land aus, um eine imaginäre Frau zu befreien, dem bösen Vater zu rauben und vor dem Drachen zu beschützen. Da wir die Gruppe zu zweit leiteten, wurde manchmal die Kollegin als weibliche Figur anstelle fehlender Alterskammeradinnen eingesetzt und sie hat sich diesem Anliegen nicht verschlossen.

In den gemischten Gruppen wurde die Erotik ganz selbstverständlich gelebt. Die Königstochter mußte heiraten und sich ihren Prinzen aussuchen. Das konnte zu Konkurrenz-

Die Zeit der Prinzessinnen und Helden

problemen unter den Jungen und zu erheblichen Konflikten führen. Ebenso klar war, daß die Helden durch ihre Taten die Prinzessinnen aus ihrer Bedrohung befreiten.

Die Mädchen spielten sehr gerne Hochzeit, und dazu mußten die Jungen einfach herhalten, auch wenn sie sich zierten. Manchmal waren die Jungen für das Heiraten gar nicht so wichtig. Wir erinnern uns an ein Mädchen, das über Wochen hinweg als erstes in den Gruppenräumen zum Hochzeitskleid eilte und sich dieses überzog. Sie war die Braut, ob ein Prinz an ihrer Seite war oder nicht, war ihr egal. Ungeniert wurden zwischen Mädchen und Jungen Redensarten aus dem erotisch-sexuellen Bereich ausgetauscht. Manchmal hätten wohl die Eltern die Hände über dem Kopf zusammengeschlagen, wenn sie das Sprachrepertoire ihrer kleinen Tochter oder ihres kleinen Sohnes gehört hätten. Hier in der Gruppe durfte man sich auf diese Weise äußern. Man erntete aber keine besondere Beachtung damit, und so hielten sich die Kraftausdrücke der Quantität nach nicht nur im Rahmen, sondern nahmen im Laufe der Zeit ab. Blöde Bemerkungen wurden anfangs laut, wenn sich ein Mädchen oder Junge in der Kleiderecke umzog und die eigenen Kleider ablegte. Jeder gab also von sich, was er in seiner Umwelt bisher an dicken unverdauten Brocken hatte schlucken müssen. Unsere Reaktionen waren nicht Wertungen oder Verbote. Wir hörten auch nicht bloß stumm zu, wenn sich in diesem Bereich die Kommentare der Kinder häuften. Wir gebrauchten unsere eigene Sprache und ließen uns durch Provokationen in diesem Bereich nicht aus der Ruhe bringen.

Weiter war es für uns wichtig, Diffamierungen und abfällige Bemerkungen nicht stehen zu lassen, sondern die eigene Sicht darüber einzubringen. Wir waren bemüht, den Kindern ihre Sprache nicht schlecht zu machen, da wir der Meinung sind, daß der Austausch in diesem Bereich durch eine allzu ausgesuchte Wortwahl leicht unterbunden werden kann.

Die Kinder können auf diesem Gebiet sprechen lernen, in dem ihnen Wege zu einer eigenen Sprache aufgezeigt werden.

Bemerkenswert ist für uns, daß die explizite erotische Sprache und der explizite Flirt erst in der Prinzessinnen- und Heldenphase auftauchten. In der Höhlenzeit gab es zwar Situationen, in denen man zusammen kuschelte, wobei Jungen und Mädchen intensiveren Körperkontakt hatten. Aber das Thema Erotik war zu diesem Zeitpunkt noch unter dem Teppich. Es wurde nicht thematisiert, es gab keine explizit geäußerten Wünsche, daß das Mädchen X mit dem Jungen Y in einer Höhle zusammen sein wolle. Ein eigentliches Rollenspiel zwischen den Geschlechtern, das seine koketten Seiten hatte, fand erst in der späteren Phase statt.

Die Zeit der Jäger, Sammler und Baumhausbauer

Mit dem beginnenden Frühjahr, der Erwärmung der Luft, begannen sich bei schönem Wetter die Aktivitäten der Gruppe mehr und mehr nach draußen zu verlagern. Direkt beim Haus stand uns ein nur ca. 400 qm großes Stück Land zur Verfügung, das mit einer großen Platane auf der einen Seite und etwa 100 qm Gebüsch auf der anderen Seite bestanden war. Dieses Gelände erwies sich als ausreichend, um den Phantasien der Gruppe Stoff für weitere Bilder und Gestalten zu vermitteln und sich daraus ergebende Spiele zu ermöglichen. Allmählich wurden baumbestandene Straßen des Viertels und nicht bebaute Nischen in das Umfeld mit einbezogen.

Den Kindern war bekannt, daß die Bohlen, Bretter und Latten, die in einer Ecke des Kellerflures lagerten, für das Spiel im Außenbereich vorgesehen waren. In einer Eingangsrunde wurde weiter geklärt, welche Materialien nach Möglichkeit nicht mit nach draußen genommen werden sollten. Matratzen würden zu leicht verdrecken, kleine Playmobilteile könnten leicht verloren gehen. Da noch genug Material für den Außenbereich vorhanden blieb, gab es mit dieser Regel keine Schwierigkeiten. Ab und zu machten wir eine Ausnahme, zum Beispiel für die Mitnahme eines Kissens in das Baumhaus.

Zunächst machten sich die Kinder mit dem Gelände bekannt, indem sie zu klettern begannen, bzw. als Jäger oder in anderer Verkleidung durch das Gebüsch streiften. Wir unterstützten das, in dem wir unangekündigt um Ostern herum winzige Schokoladeneier versteckten, was zu ausgedehnten Such- und Sammelaktionen führte, als der erste im Laub ein glitzerndes Ei entdeckte. Als einige Kinder auf der Wiese lagerten, gab es andere, die sich einen höheren Sitz in einem Haselbusch ergattert hatten. Das war Ausgangspunkt für den Baubeginn der Baumhäuser. In den Jahren danach kam die Anregung auch von Brettern, die als Reste früherer Baumhäuser noch im Gebüsch entdeckt worden waren.

Wir Therapeuten unterstützten diese Projekte. Wir wiesen auf das vorhandene Bauholz, auf die Seile, auf Plastikbahnen, Nesselstoff, Hammer, Zange und Nägel hin. Außerdem gaben wir Hilfen in Form von technischen Tips, um sicher zu sein, daß die in ca. 2 bis 3 m Höhe an den kräftigen Sträuchern entstehenden Hütten nicht herunterbrachen und die Kinder gefährdeten. In Hinsicht der Kletterfähigkeit der Kinder machten wir uns weniger Sorgen. Wir waren zur Stelle, wenn wir mit der Möglichkeit rechneten, ein Kind könnte ausrutschen, um es so gegebenenfalls auffangen zu können. Achtsam zu sein schien uns wichtiger, als verunsichernde Warnungen von uns zu geben. Die Praxis gab uns recht, es kam zu keinem Unfall.

Die von den Kindern selbst gestaltete Prozeßdynamik begann sich nach anfänglichem Frust mit Seilen, Hammer und Säge rasant zu entwickeln. Hier war es keineswegs so, daß die Jungen vornedran waren. Mir ist unvergeßlich, mit welcher Zähigkeit einmal gerade das kleinste Mädchen in der Gruppe über mehrere Stunden hin Hammer und Nägel gebrauchte, um die Bodenbretter ihres Hauses an den zwischen Bäu-

Die Zeit der Jäger

men angebundenen Grundbrettern zu befestigen. Oft schlug sie daneben, viele Nägel wurden krumm und mußten mühsam wieder herausgezogen werden. Aber mit bewundernswerter Ausdauer blieb das „konzentrationsgestörte" Kind bei der Sache und brachte es allmählich zu Ergebnissen, die sich sehen lassen konnten. Den zum Ende einer Stunde zu früh gekommenen Eltern, die ihre adrett angezogene Tochter von der Gruppensitzung abholen wollten, blieb der Mund offen stehen, als sie ihr „unmotiviertes und schulschwieriges" Kind in zwei Meter Höhe schweben und voller Enthusiasmus mit Hammer und Nägeln hantieren sahen. Von dieser Stunde an erschien die Tochter in veränderter Kleidung, aber auch der Umgangston zwischen Eltern und Kind nahm andere, nämlich direktere und unverstelltere Formen an. Ich weiß nicht, ob das je ein im Zimmer anberaumtes Elterngespräch hätte bewirken können.

Der Prozeß des Baumhausbauens und -bewohnens erstreckte sich über viele Wochen. Auch als die Häuser in einem gewissen Sinne fertig waren, wurde weitergebaut. Es gab Verbesserungen, die in Form privater Sitze in oder am Haus dem Luxus dienten. Ein Junge baute sich einen „Spähersitz", um die anrückenden Freunde oder Feinde rechtzeitig auszumachen. Bei wolkigem Himmel wurde mit Hilfe von Zeltplanen oder Plastikbahnen Regenvorsorge getroffen. Natürlich gab es ab und zu ein Baumfest. Mit reichlich vorhandenen alten Gardinen wurden die Wände des Baumhauses behängt, und es wurde am Boden ein Tuch als Teppich ausgebreitet. Trink- und Essensvorräte wurden herbeigeschafft und auf dem Boden des Baumhauses entstand eine prächtig gedeckte Tafel zum Speisen.

Wochenweise gab es zur Abwechslung Aktivitäten, die sich nicht direkt in den Baumhäusern, sondern daneben abspielten. An den Ästen der alten Platane wurden die langen Seile befestigt. Die Gruppe verwandelte sich in eine schwingende, schaukelnde, kletternde Affenbande. Oder eine wiedererstandene Prinzessin schwebte mit langem Schleier auf weit schwingender Schaukel durch die Lüfte. Auch eine Hängematte gehörte her, sei es für denjenigen, der sich aus irgendeinem Grund schmollend zurückziehen und die Arbeiten der anderen aus dieser liegenden Lage beobachten wollte, oder sei es, daß sich eine der feinen Damen ausruhen wollte. Nicht selten gesellte sich ein wilder Jäger zu ihr, der die Welt von einer friedlicheren Seite aus genießen wollte.

Wehe, wenn dann vom fernen Baumhaus her ein (gepolsterter) Pfeil, natürlich vergiftet, die Dame oder den Jäger in dieser Ruhe traf und störte. Das führte unweigerlich zum Krieg. Die Jäger und die Damen flohen in die Baumburgen und machten Ausfälle gegen die anderen. Viele böse Worte fielen, es kam zu Kämpfen und es dauerte lange, bis man sich wieder versöhnte und zum Friedensmahl traf.

Ein beeindruckendes Bild war es, als in einer Stunde ganz plötzlich die Horde eines Hauses zur „Büffeljagd" ausrückte. Mit langen Spießen, mit Pfeilen und Bögen und mit Seilen zum Transport ausgerüstet, gebückt und vorsichtig schlichen sich die Jäger durch das Gebüsch. Wie diese Jungen sich auf dem Jagdpfad, der rund ums Haus und ein Stück die Straße hinaufführte, bewegten – kein Film hätte es besser darstellen können. Auch das erschien uns wie die Reproduktion eines archaischen Themas aus der frühen Geschichte der Menschheit. Da es zum Bedauern der Kinder keine echten Büffel, nicht einmal ein Schaf oder eine Ziege gab, mußten zuweilen die Therapeuten dafür herhalten. Sie wurden mit den gepolsterten Pfeilen verfolgt, gestellt und, wenn es ging, im Triumphgeheul zurück zu den Behausungen gebracht.

Nicht nur die letzte Szene zeigt, daß es die Kinder fertig brachten, sich spontan auf eine Phantasieebene zu begeben, die von ihren alltäglichen Erfahrungen, vielen Anforderungen und Frustrationen der modernen Alltagswelt weit ent-

Die Zeit der Jäger

fernt war. Das ungehinderte Durchleben dieser archaischen Gestalten hatte ganz offensichtlich eine Wirkung, die die Kinder innerlich ruhiger und sich ihrer selbst und ihrer Potentiale bewußter werden ließ. Hier trafen sie nicht das an, was ihren Alltag ausmachte, nämlich ständig aufpassen zu müssen, die oder jene Regel nicht zu übertreten, die Erwachsene gesetzt hatten. In der Welt der Therapiestunde gab es nicht die hochgradige Kompliziertheit des modernen Lebens, diese für ein Kind nicht erst beim Straßenverkehr beginnt. Das massiv von außen gesetzte und dem Kind undurchschaubare System der Schule war plötzlich ohne Bedeutung und konnte wenigstens für Stunden vergessen werden. Reklame und die Anreize der Kaufhäuser, der Terror des Fernsehens und die Pflichten zu Hause blieben außen vor. Die Kinder konnten endlich das realisieren, was sie innerlich bewegte. Auf der Phantasie- und Bewußtseinsebene in der Therapiestunde entfalteten die Kinder ihr Phantasieleben und setzten in der Gemeinschaft mit anderen verschüttete Entwicklungsmöglichkeiten frei. Auch da traten Frustrationen, Ärger und Konkurrenz zu Tage, aber die Situation erlaubte, diese Impulse zum Ausdruck zu bringen, so daß sich daraus ein lebendiges, gefühlsreiches und spannendes Zusammenleben ergab. Neben dem vielen Unsinnigen, das Kinder in der modernen Welt erleben müssen, schien hier für sie der Sinn unmittelbar vorhanden zu sein.

Vielleicht läßt sich das Ganze noch mit einem kleinen Beispiel verdeutlichen. Wir gehen davon aus, daß die Phase der Jäger und Sammler, in der die Menschheit viele Zehntausende von Jahren gelebt hat, in unserem Unbewußten noch ihre Nachwirkungen hat. Wir gehen weiter davon aus, daß ein Grundschulkind in unserer modernen Welt es nicht einfach hat, diese Impulse auszuleben. Nicht wenige der Kinder, die zu uns kommen, sind deshalb delinquent geworden, weil sie sich in Kaufhäusern, in unbewachten, unbeschäftigten und ungeliebten Momenten als Jäger und Sammler betätigt haben. Das Ausleben und Durchleben solcher Gewohnheiten, und sei es nur in der Phantasiewelt von zwei Therapiestunden in der Woche, aber in der realen Umgebung eines Baumhauses und in einem bißchen Gebüsch läßt in diesen Kindern etwas Gestalt werden, was zu ihrem archaischen menschlichen Erbgut gehört. Im Laub verborgene Schokoladeneier, im weiteren Verlauf auch die Entdeckung eines interessanten Kieselsteines, den man vielleicht als Schmuck bemalen kann, und die Möglichkeit zu einem erlaubten Zweikampf im Gebüsch regen die Welt des Kindes an und führen zu einem entspannten, zufriedenen Gesichtsausdruck am Ende der Stunde.

Dieses Erleben und Gestaltwerden wirkt sich so aus, daß das Kind von diesen Kräften nicht mehr blind umhergetrieben wird, sondern sie in seine Gesamtpersönlichkeit integrieren kann.

Nicht unerwähnt soll bleiben, daß den Kindern ab und zu die Möglichkeit gegeben wurde, an einer bestimmten Stelle des Terrains ein kleines Feuer zu machen. Gemeinsam hatten wir vom Schutthaufen einer nahe gelegenen Baustelle Steine geholt und durch einen kleinen Rundbau die Feuerstelle gegen ein Umsichgreifen der Flammen gesichert. Die Gelegenheit, Erfahrung mit dem Feuer zu machen, wurde sehr gerne genutzt. Das Feuer war für die Kinder faszinierend. Es gehörte für sie wie die Erde, die Bäume und das Wasser, das ab und zu in kleinen Eimern herbeigeschafft wurde, zu der urtümlichen Welt, in die sie in den Therapiestunden eingetaucht waren. Der Umgang mit dem Feuer war für die Kinder höchst ambivalent. Sie erlebten das Faszinierende und auch das Nützliche am Feuer, wenn Lebensmittel geröstet wurden. Aber sie machten auch Erfahrungen mit der Gefährlichkeit dieses Elements, wenn sie ihm zu nahe kamen, nicht vorsichtig genug nachlegten und die Flammen plötzlich in die Höhe schlu-

Die Zeit der Jäger

gen. Wir erinnern uns an „wilde" Kinder, die lange Zeit nichts machten, als versonnen in die Flammen zu blicken. Andere wiederum probierten vorsichtig aus, wie ein Stöckchen brennt und stellten fest, daß es auch nasses Holz gab, das nicht sogleich in Flammen aufging. Man konnte ein Brot so rösten, daß es angenehm schmeckte, oder aber es konnte zu schwarz werden und dann nicht mehr so gut genießbar sein. Jedenfalls war dies ein wichtiges elementares Erleben, das den plastik- und mediengewohnten Kindern bisher offensichtlich entgangen war. Es gab unter den angemeldeten Kindern immer wieder eines, von dem die Eltern sorgenvoll berichteten, daß er scharf auf Streichhölzer sei und schon öfters versucht hätte, in der Wohnung zu zündeln.

Wir hatten nach Abschluß der Gruppen nie eine Rückmeldung bekommen, daß ein Kind leichtsinnig mit Feuer umgegangen sei.

Möchtest du etwas?

Aktivität im Freien

Die Zeit der Entwöhnung und des Abschlusses

Ein bekannter Gruppentherapeut soll einmal gesagt haben, eine Gruppe müsse so abrupt aufhören, wie ein Auto, das an einen Baum fährt.

Dieses Bonmot wendet sich unserer Erfahrung nach zu Recht gegen eine allzu kognitiv betonte und strukturierte Schlußphase, wie wir das von den Modellen der sozialen Gruppenarbeit her kennen.

Besonders bei Kindergruppen scheint die Konstruktion einer Schlußphase mehr dem Ordnungsbedürfnis der Gruppenleiter zu dienen, als dazu beizutragen, daß wichtige Erfahrungen und Erlebnisse in den Alltag übernommen werden. Jedes Kind hat im Laufe des Gruppenprozesses schließlich seine besonderen Erfahrungen gemacht. So ist wichtig, daß jedes Kind den durchlebten Prozeß für sich selbst abschließen kann. Das zu ermöglichen, ist während der ganzen Zeit die Aufgabe des Therapeuten. Er hat dafür zu sorgen, daß jedes Kind den Raum bekommt, um seine Gestalten zu leben und mit ihnen zu einem inneren Abschluß zu kommen. Die geforderte Wahrnehmungsfähigkeit des Therapeuten besteht darin, die Momente zu erkennen, in denen für Kinder Erlebnisinhalte bedeutsam werden.

Wir sprechen von einer Entwöhnungsphase. Aufgabe ist also, die Kinder aus ihrer archaischen Phantasiewelt zu entwöhnen, anders ausgedrückt, sie aus ihrem Eintauchen in die traumhaften Regressionen spielerisch herauszuholen und ihnen Mittel anzubieten, um den Weg in die Alltagswelt einer gewohnten Spielebene zu finden.

Der Alltag der Back-Home-Situation soll spielerisch thematisiert und in die Gruppe hereingeholt werden. Die Spielsituationen werden jetzt als Brücken in den Alltag genutzt. Um dies zu erreichen, werden von den Therapeuten allmählich Vorschläge zu klassischen Spielangeboten gemacht. Bemerkenswerterweise haben wir in dieser Endphase selten erlebt, daß Kinder bestimmte Spielvorschläge abgelehnt haben. Die Kinder, mit denen ja von Anfang an vereinbart war, daß mit den großen Ferien die Gruppe aufhören würde, waren jetzt bereit, aus dem traumähnlichen Eintauchen in die archaische Gestaltwelt in reale Spielbezüge vorwärtszugehen. Uns kam hier der Sommer zugute, der es ermöglichte, beliebte Spiele im Freien zu machen. Wir versuchten, die Szenerie unserer archaischen Landschaft für die Kinder dadurch zu verändern, daß wir mit ihnen Versteckspiele machten. Diese waren als Regelspiele angelegt. Es ging nun darum, daß nicht mehr in der Rolle der Jäger, Helden und Prinzessinnen gespielt wurde. Man mußte vielmehr – und das war dem Alltag schon recht nahe – auf bestimmte Regeln achten, z.B. daß man sich befreien konnte, daß man als Suchender ein bestimmtes Mal bewachen und die entdeckten Mitspieler anschlagen mußte. Die Therapeuten waren Erwachsene, die mitspielten, die Regeln beschrieben und auf die Einhaltung der Regeln achteten. Sehr beliebt waren Schnitzeljagden durch das Haus und die umliegenden Straßen, bei denen es am Schluß eine Tafel Schokolade zu gewinnen gab. Räuber und Gendarmspiele funktionierten nur dann, wenn man sich vorher genau besprochen hatte und bereit war, sich

Die Zeit der Entwöhnung und des Abschlusses

auf das Reglement einzulassen. Bei heißem Wetter waren Wasserschlachten sehr beliebt, in denen man sich austoben durfte und in denen man sich auch mit den Erwachsenen auseinandersetzen konnte, aber nicht mehr auf einer mythischen, sondern auf einer ganz realen Alltagsebene. Es war oft ein Austoben und Rumtoben, wie auf einem Kindergeburtstag. Wer sich zurückziehen wollte, konnte allein oder mit einem Kameraden im Sandkasten mit Schaufel, Auto und Bagger spielen. Wenn es sich einrichten ließ, machten wir auch eine längere Exkursion zu einem Waldspielplatz, die den Charakter eines Familien- und Schulausfluges hatte. Den Abschluß bildete die große Fete, bei der es vom Eis bis hin zu den selbst gegrillten Würstchen alle möglichen Leckereien gab. Mit viel Getöse und Hallo zogen die Kinder dann ab in die Sommerferien.

Bilder aus den Gruppenräumen

Beschreibung der Räumlichkeiten und Materialien

Das Haus, in dem sich unsere Beratungsstelle und andere Dienste befinden, liegt nicht weit vom Zentrum unserer Kleinstadt entfernt in einem Wohngebiet mit offener Bauweise (Miet- und Einfamilienhäuser). Im Souterrain stehen uns ein ca. 45 qm großer Gruppenraum und direkt daneben ein Kellerraum für Werkarbeiten zur Verfügung. Im Gruppenraum steht ein kleines Spielhaus mit betretbarem Dachgarten, wie es Ausstattungsfirmen für Kindergärten liefern. In einer durch Regale abgeschirmten Ecke liegen eine größere Anzahl von überzogenen Schaumstoffmatratzen in unterschiedlichen Größen und 25 Kissen. In einer anderen Ecke steht ein Regal mit Material zum Schminken und Abschminken, daneben eine Garderobe mit Kleidern und Anzügen, ein Korb mit vielen Kleinmaterialien zum ergänzenden Verkleiden und ein Ständer mit Hüten und Mützen. Im Regal daneben liegen Rhythmusinstrumente, Trommeln und Flöten, ein Kästchen mit Luftballons, daneben Armbrust, Pfeile, Bögen und Pistolen. Nicht vergessen werden darf die Playmobilecke mit nach verschiedenen Themen sortierten Kisten: Zoo, Bauernhof, Polizei, Krankenhaus, Indianer, Ritter und Weltraum.

Im Flur vor dem Kellerraum lagern die vielen anderen Materialien: ein hoher Stapel mit Tüchern (ehemalige Gardinen, Bettücher, Tischdecken, Halstücher) und Decken, ferner Seile der verschiedensten Stärken und Längen. Das längste Seil ist 3 cm stark und 25 m lang. Ein ehemaliger Fallschirm ohne Schnüre, ein Stapel zusammengefalteter Umzugskartons, Plastikbahnen, Zeitungen, Fingerfarben, Bälle – auch große Bälle mit mehr als 1 m Durchmesser. Holz in verschiedener Ausführung wie Sperrholzplatten, gehobelte Bretter, dünne Balken und Dachlatten. Im kleinen Kellerraum liegen Werkzeuge, insbesondere Hammer, Schnitzmesser, Scheren, Sandpapier, Nägel, Bindfaden, Farben, Pinsel, Papier und Ton zum Kneten und Formen.

Zur Kinderküche muß man zwei Treppen hochlaufen, die von den Gruppen meist im Sturmschritt genommen werden. Neben der normalen Einrichtung einer Einbauküche ist hier für die Gesprächsrunden am Ende des wöchentlichen Treffens eine gemütliche Sitzecke mit robustem runden Tisch von Wichtigkeit. Die notwendigen Lebensmittel, in der Regel zum Backen, selten zum Kochen, werden auf Vorbestellung durch die Gruppe bereitgestellt. Nüsse, Rosinen, Obst und Kekse liegen immer in einem für alle zugänglichen Fach bereit. Die Nahrungsmittel sind gedacht für die Schlußrunden oder einen dringenden Bedarf, z.B. beim Höhlen- oder Baumhausfest, ebenso stehen Tee und Mineralwasser zur Verfügung. Besonders geschätzt war bei allen Gruppen das Waffeleisen.

Wie bereits angedeutet, konnte von uns ein beim Haus befindliches Grundstück von ca. 400 qm genutzt werden. Es war nicht durch einen Zaun nach außen abgegrenzt, sondern allgemein zugänglich, so daß manchmal unter der Woche auch andere Kinder die Baumhäuser benutzten. Das störte die Gruppe nur wenig. Etwa von Februar an war das Gelände für die Gruppe von Bedeutung. Anfangs waren es kurze Auf-

Beschreibung der Räumlichkeiten und Materialien

enthalte – eine Art Generalprobe für kürzere Exkursionen in Verkleidung fanden auf der kleinen Wiese statt. Wurde es wärmer, verlockten Gebüsch und Baum auch zu längeren Aufenthalten. Ein Wasserhahn mit Schlauchanschlußmöglichkeit war am Haus vorhanden, ein Sandkasten ebenfalls nicht weit, die Nachbarn hingegen nicht in unmittelbarer Nähe. Wir halten es auch für möglich, ein Grundstück zu benutzen, das sich nicht direkt bei den Gruppenräumen befindet. Kreativität und Freude an spontanem Organisieren von Aktionen scheint uns eine wünschenswerte Eigenschaft der Therapeuten in der Kindergruppe.

Bilder vom Lichterfest

Wieder ein Beginn

Wenige Monate nach Abschluß des Manuskripts haben wir im Oktober mit einer neuen Gruppe begonnen. Die Hälfte der sechs Gruppenkinder kannten wir von Erstgesprächen und Einzelstunden. Die anderen drei wurden in einem Teamgespräch ausgewählt und von Kollegen überwiesen. Es waren vier Jungen und zwei Mädchen.

Die erste Stunde wird von uns mit Spannung erwartet. Welche Dynamik wird sich im Zusammenspiel der einzelnen Kinder zeigen? Welche Herausforderungen kommen auf uns zu? Wird sich schon etwas von den kreativen Potentialen in der Gruppe andeuten? Wie lange werden die Kinder in ihren Konventionen und Mustern bleiben? Werden sich Phantasien und Verhaltensmomente zeigen, die Ähnlichkeiten mit den vergangenen Gruppen aufweisen?

Die Gruppe begann anders als die vorhergegangene. Die Kinder kompensierten ihre anfängliche Unsicherheit weniger mit Herumtoben. Beim größeren Teil der Gruppe schien erst einmal der Rückzug in bekannte und auch von der Erfahrung her bewährte Verhaltensformen angesagt. Ein dominantes Mädchen entschied sich in den Anfangsstunden für Werkarbeit im Arbeitsraum, ein großer Teil der Gruppe schloß sich ihr an. Während die Mädchen auf die ihnen vom Kindergarten her nicht ganz unbekannte Arbeit mit Ton zugingen und die üblichen Aschenbecher und Schälchen produzierten, fing ein Teil der Jungen an, mit Holz und Nägeln zu experimentieren. Die Kinder merkten bald, daß sie zwar Auskunft und Hilfen bekamen, wenn sie wollten, aber auch, daß ihrem Drang etwas auszuprobieren nichts in den Weg gelegt wurde. Als die Jungen laut hämmerten und die Mädchen die Tonerde ebenso laut mit Klopfen und Schlagen bearbeiteten, damit sie weich würde und sich zu Platten verformen ließe, entstand eine laute und faszinierende Gruppensituation. Eine Horde hatte sich mit ihren Trommelrhythmen zusammengefunden, und das erste Erlebnis gemeinsamer Freiheit und Kreativität war geboren.

Für die Gruppentherapeuten, die schon mehrfach einen Gruppenprozeß mitgemacht haben, der in seinem Verlauf ähnliche, vergleichbare Phasen und Phantasien zeigte, ist es eine besondere Gefahr, die Gruppe zu bestimmten Verhaltensweisen zu manipulieren. Es erfordert eine hohe Achtsamkeit, diejenigen Impulse zu spüren und dann auf sie einzugehen, mit denen die Kinder zu eigenen und neuen Verhaltensweisen hinfinden. Denn was das einzelne Kind oder die Gruppe neu entdecken, kann immer über den Erfahrungshorizont hinausgehen, in dem die Therapeuten bisher gearbeitet haben. In der neuen Herbstgruppe traten wohl auch in den ersten Wochen Zeiten auf, in denen die Kinder begannen, Häuser oder Höhlen zu bauen und auch das wohlige Manschen und Backen in der Küche mit kreativen Kuchen und Keksen fand auf nachdrücklichen Wunsch der Kinder mehrmals statt. Doch in einer der Küchenrunden entstand dann plötzlich eine ganz neue Idee, die die Gruppe weiter in den Winter hinein begleitete. Ein unverkennbar archaisches Urbild aus der Menschheitsgeschichte tauchte auf – es war die Idee und der Wunsch nach einem Lichterfest.

Wieder ein Beginn

Wir saßen in der Schlußrunde am Küchentisch. Eine nicht angezündete Kerze stand in der Mitte auf einem kleinen Leuchter. Als ein Kind sie angezündet hatte, begann ein kleines Spiel mit den Streichhölzern. Jeder versuchte ein Streichholz anzuzünden, manche waren ängstlich – sie hatten das bisher nie machen dürfen, weil es ihnen verboten gewesen war. Manche versuchten das Streichholz so lange brennend zu halten, wie es ging. Andere entdeckten, daß man zwei oder drei Zündhölzer auf einmal anzünden und als kleine Fackel benützen konnte. Schon längst hatte ein Mädchen das elektrische Licht gelöscht. Ein Junge entdeckte, daß ein Streichholz in Wachs getaucht länger und heller brennt als die anderen. Wir hatten längst die Tischdecke entfernt, die Tischplatte war robust, und jeder hatte vor sich einen kleinen Teller, auf dem er gefährlich gewordene Hölzchen schnell fallen lassen konnte.

Die Frage, ob nächstes Mal jeder eine Kerze haben wolle, wurde mit allgemeinem Jubel beantwortet. So wurde eine Woche später in der zweiten Hälfte des Gruppentreffens das Lichterfest gefeiert. Der Tisch war mit Alufolie abgedeckt. Jedes Kind hatte kleine Kerzen und Teelichter – eine lustige und experimentierfreudige Runde. In der Folgezeit gab es Momente, in denen beim Spiel mit dem Licht eine Stille zu beobachten war, die etwas mit Ergriffenheit zu tun hatte. Dann aber gab es auch einen Zug durch das Haus in Nikolaus-, Knecht-Ruprecht-, Hochzeits- und anderen Gewändern. Draußen neben dem Haus hatten wir einen kleinen Feuerstoß vorbereitet, für jedes Kind standen Späne zur Verfügung, mit denen es sich eine Fackel machen konnte. Die Kinder wurden von der Begegnung mit dem Element Feuer gepackt. Sie setzten ihre Späne in Brand, um in die Dämmerung hinein glühende Kreise und Figuren zu schreiben, andere versuchten, einen Teil der Glut auszutreten, und wunderten sich, wie schwer das ging. Dazwischen lagen Momente, in denen alle still ins Feuer starrten, und in denen wenig gesprochen wurde.

Die neue Gruppe hatte mit dem Lichterfest etwas ganz eigenes Gestalt werden lassen. Inmitten der verlogenen Sentimentalitäten, die unsere Weihnachtszeit kennzeichnen, haben diese Kinder kreativ und spielerisch zu einem wesentlichen Verständnis hingefunden: Der Feier von Feuer und Licht in der dunklen Jahreszeit. Die Kinder haben in ihrem Sinne einen unverbauten und direkten Zugang zu einem alten Menschheitsbrauch entwickelt. Sie haben für sich Sinn und Wahrheit in den Wochen entdeckt, in denen soviel Sinnloses und Unwahres auf sie einstürzte. Klar, daß sie fröhlicher und gelassener die Gruppe verließen als sie gekommen waren. Die Therapeuten waren ebenfalls gelassener geworden, denn sie hatten die Gewissheit gewonnen, daß auch diese Gruppe ihren eigenen Weg machen würde.

Lena und Lukas - zwei Kinder und ihre Entwicklung

Lukas

Lukas war wegen seines auffälligen Sozialverhaltens in der Schule schließlich in unserer Gruppe gelandet.

Vorher hatte es noch einige Umwege gegeben, denn der Lehrer hatte der Mutter dringend empfohlen, mit Lukas einen Psychiater aufzusuchen. Dies er hatte aufgrund des mangelnden psychiatrischen Befundes an einen Psychologen weiterverwiesen.

Hier stellte sich heraus, daß der inzwischen Neunjährige bereits in der Vorschulzeit eine Einzelspieltherapie hinter sich gebracht hatte.

Im Blick auf seine Begabung hatte es in der Schule nie Probleme gegeben, Lukas war ein guter Schüler, aber sein Verhalten den Klassenkameraden und dem Lehrer gegenüber führte seit langem zu Konflikten. Der Lehrer sprach von einem aggressiven, skurrilen Verhalten des Jungen, mit dem er sich selbst in seinem sozialen Ansehen oft mehr schade als er den anderen gefährlich werde. Lukas reizte andere durch abfällige Bemerkungen, deren Wortschatz häufig aus im Übermaß genossenen Fernsehkrimis stammte. Kam es daraufhin zur Schlägerei, zog Lukas in der Regel den kürzeren, schon deswegen, weil er gleich mehrere gegen sich aufgebracht hatte. So konnte er wiederum versuchen, sich den Lehrern gegenüber als der von vielen zu unrecht Geprügelte darzustellen. Störrisch beharrte Lukas bei derlei Inszenierungen auf seiner Rolle. Lukas konnte in Pausen und ab und zu auch in Unterrichtssituationen manchen Lehrern gegenüber aufdrehen. Er zeigte wildes, unangepaßtes Verhalten und war dann auch rational vorgebrachten Ermahnungen gegenüber unansprechbar und uneinsichtig.

Der häuslich-familiäre Lebenskreis von Lukas sah so aus, daß er mit seiner Mutter und einer gut sechs Jahre jüngeren Schwester zusammenlebte. Seinen Vater kannte er nicht. Es hatte wohl Bemühungen gegeben, mit dem Vater Kontakt zu bekommen, doch hatte sich dieser stets strikt und konsequent verweigert. Während all der Jahre, in denen Lukas aufgewachsen war, hatte die Mutter sehr viel Energie darauf verwendet, sich beruflich zu qualifizieren. Sie hatte schließlich mit finanzieller Unterstützung des Arbeitsamtes die Fachhochschulreife erworben und war dabei, eine kaufmännische Ausbildung abzuschließen. Lukas mußte viel Zeit bei den Großeltern verbringen. Der Großvater war Maurer in Rente, beide Großeltern waren Alkoholiker, und Lukas saß alleingelassen unmäßig viel vor dem Fernseher.

Lukas hatte es schwer, den Weg zu Spiel- und Alterskameraden zu finden. Er hatte zwar keine Schwierigkeiten, andere anzusprechen. Die Kontaktaufnahme zum anderen gestaltete sich aber unglücklich und mußte schiefgehen, weil es häufig altkluge, oft wertende, manchmal verschrobene Kommentare waren, die Lukas abgab und die beim Empfänger eine entsprechende abwehrende Reaktion auslösten, nicht aber die Bereitschaft, sich auf das Gegenüber einzulassen und sich dem anderen zu öffnen. Dazu kam, daß Lukas „zwei linke Hände" hatte, d.h., er wirkte mit seinen Bewegungen oft linkisch und ungeschickt. In sportlichen Leistungen war er eine ausgesprochene Niete. Auf dem Bolzplatz konnte er sich nicht blicken lassen, da er selbst bei einfachen Ballspielen nur Spott oder Nichtbeachtung erfuhr.

Eine unangefochtene Stärke von Lukas war neben seiner besonderen mathematischen Begabung seine erstaunliche Phantasie. Lukas konnte kleine Begebenheiten erzählerisch ausschmücken. Er hatte, wenn sein Gegenüber bereit war, sich darauf einzulassen, die Fähigkeit, phantastische Geschichten zu erfinden. Er konnte alleine oder mit anderen zusammen ganze Räume und Welten mit seinen Einfällen ausschmücken, je realitätsferner diese waren desto bunter, witziger und faszinierender erzählte er.

Als Lukas in die Gruppe kam, herrschte – das läßt sich von den geschilderten Verhaltensweisen her erschließen – in seinem Innenleben ein Chaos von Angst und Aggression. Von den Erwachsenen in seiner näheren Umgebung hatte er wenig an Zuverlässigkeit erfahren. In seinen Versuchen Kontakte zu anderen, auch Gleichaltrigen aufzubauen, war er meist an der eigenen Unruhe und Zwiespältigkeit gescheitert.

Natürlich versuchte Lukas in der Gruppe zuerst mit seinen Dominanzansprüchen über andere Fuß zu fassen. Als das nicht funktionierte, versuchte er seine Position durch Bündnisse einerseits und Diffamierung anderer Gruppenmitglieder andererseits, schließlich auch durch Hilferufe und Appelle an die anwesenden Erwachsenen auszubauen. Das alles war nur eine Fortsetzung seiner bisherigen chaotischen Hektik im Umgang mit den anderen.

Die ersten Veränderungen in Lukas' Verhalten waren zu beobachten, als die Gruppe begonnen hatte, sich Höhlen und Häuser zu bauen. Anfangs zeigte er noch ab und zu Ängste, ob die Decken, Kartons, Farben und anderen Materialen auch für ihn noch ausreichen würden. Als er merkte, daß seinen Materialwünschen und seiner Phantasie fast keine Grenzen gesetzt waren, blühte Lukas auf. Nicht nur, daß er liebevoll seine Häuser ausstaffierte, jetzt konnte er plötzlich mit einem oder zwei anderen in der Gruppe gemeinschaftlich einen kleinen Palast errichten, in dem für jeden ein Platz war. Er hatte die Idee zu Rollenspielen, es kam zum Handel, zum Austausch von „Waren". Hausmütter und Wächter hatten ihre Aufgaben und es waren nicht etwa nur die dominanten Rollen, die Lukas übernahm.

Zu dieser Zeit gab es auch interessante Signale von außen. Lukas selbst berichtete einmal in der Schlußrunde der Gruppe, daß ihm sein „Feind" nichts mehr anhaben konnte. Gemeint war damit ein etwa gleichaltriger Junge, der im gleichen Wohnblock wie Lukas mit seiner Mutter wohnte und der Lukas häufig nicht nur verbal, sondern auch mit Tritten und Schlägen unter Druck gesetzt hatte. Obwohl er körperlich diesem „Feind" etwa ebenbürtig war, hatte sich Lukas ihm gegenüber nicht durchsetzen können. Jetzt hatte ihn Lukas nicht etwa verprügelt. Was in Erfahrung zu bringen war, war dies, daß Lukas anscheinend auf die verbalen Attacken seines Feindes nicht mehr oder eben anders reagierte. Er ließ sich auch keine Angst mehr einjagen und schien gelassen die Begegnung mit dem anderen hinzunehmen – was diesem den Spaß am ganzen Spiel vermieste.

Im weiteren Verlauf des Gruppenprozesses gab es immer wieder schwierige Situationen für Lukas. Als zum Beispiel zwischen den Hüttenbewohnern Krieg ausbrach, und ein Haus von ihm schnell in Trümmer ging, ohne daß die schützende Hand eines Gruppenleiters es vor diesem Schicksal behütete, hätte er fast die Gruppe verlassen. Aber als es dann zur Kissenschlacht kam, fand Lukas Gefallen an dieser Form der Auseinandersetzung und wich auch nicht aus, als sich schließlich die Kämpfenden im Körperkontakt am Boden wälzten. Ihm machte diese Form der Auseinandersetzung nicht mehr Angst, sondern Spaß. Das zeigte sich in der Folgezeit, weil er nicht auswich oder zu Stäben und andern Gegenständen griff, um zuzuschlagen und zu treten, sondern bereit war, sich auf aggressive Kontaktangebote körperlich einzulassen.

Sternstunden für Lukas gab es in der Phase der Rollenspiele mit den Prinzessinnen, Rittern, Hexen und Räubern. Er war unermüdlich dabei, Fortsetzungsgeschichten zu erfinden, Kulissen und Bühnengeräte zu konstruieren. Die Videoaufnahmen vom Gruppengeschehen waren für ihn ernüchternd im Vergleich zu seinen Fernseherfahrungen und doch zugleich Ansporn, sich und die Gruppe wieder und wieder auf dem Bildschirm zu erleben.

Die Rückmeldungen von Schule oder Elternhaus sehen häufig so aus, daß keine neuen Negativmeldungen bei den Gruppentherapeuten eintreffen. Im Blick auf die Schule scheint mir jedoch noch eine Begebenheit wichtig, weil sie den tieferen Effekt aufzeigt, den die dargestellte Gruppenarbeit beim einzelnen Kind auslösen kann.

Dieses Erlebnis spielte sich bei Lukas erst nach Beendigung der Therapiegruppe ab. Durch die Unaufmerksamkeit der beteiligten Lehrer und des Schulapparates kam es dazu, daß Lukas in eine Klasse versetzt wurde, in der eine ungewöhnlich hohe Zahl von guten und sehr guten Turnern und Sportlern vorhanden war, die natürlich auch das Klassenklima bestimmte. Für Lukas war dies eigentlich eine Katastrophe, weil er mit seinen linkischen Bewegungen und den entsprechenden Erfahrungen beim Sport von vornherein zum krassen Außenseiter prädestiniert war. Die Erfahrungen in der Therapiegruppe konnten das nicht verhindern. Aber Lukas rastete nicht mehr aus. Er konnte seine Rolle annehmen. Er hielt sie sogar durch, als der verständnisvolle Sportlehrer ihm anbot, daß er vom Sportunterricht befreit werden könnte. Lukas lehnte das ab und bekam sogar während des weiteren Schuljahres zu einem Jungen und einem Mädchen in der

Klasse Kontakt. Freundschaft wäre im Vokabular zu hoch gegriffen, aber es waren stützende, partnerschaftliche Gesten, die er erfuhr und erwidern konnte, wenn es um Pausengespräche, Hausaufgabenprobleme oder Klassenkonflikte ging.

Die geschilderten Situationen lassen den Schluß zu, daß die Unsicherheit und insbesondere die damit verbundene Angst, die sich beim Zusammensein mit Gleichaltrigen in aggressiven Verhaltensweisen zeigte, bei Lukas abgenommen hatte. Im Verlauf der Kindergruppe hatte es wieder und wieder tiefe emotionale, manchmal archaisch anmutende Erlebnisse bei jedem einzelnen gegeben. Auch Lukas hatte damit seine Erfahrungen gesammelt, er hatte erlebt, daß ihn hochaggressive Auseinandersetzungen nicht „umgeworfen" haben, er erfuhr, daß sich die Dinge nach solchen Kämpfen auch zum Guten weiterentwickeln konnten. Er hatte in den Höhlen und Häusern Geborgenheit erlebt, im Rollenspiel ihm bisher verborgene Möglichkeiten der Kontaktaufnahme erfahren und – vielleicht das Wichtigste – er hatte sein kreatives Potential entwickeln können. Zudem hatte er etwas von seiner Potenz in diesem Bereich erlebt und Gestalt werden lassen. Lukas wußte plötzlich, daß er nicht nur etwas von einem schlauen Händler, sondern auch etwas von einem souveränen Schloßherrn und einem Ritter in sich hatte.

Die Mutter berichtete, daß auch zu Hause die Konflikte nicht zu Ende waren, daß Lukas aber etwas mehr Geduld im Umgang mit seiner Schwester zeige und weniger Konkurrenzverhalten an den Tag lege. Lukas sei weniger hektisch, weniger unruhig. Er sei nicht mehr so verbissen, wenn es darum ginge, eigene Rechte durchzusetzen, aber gerade so würde er manchmal mehr für sich erreichen als früher.

Lukas hat in der Gruppe etwas von seiner inneren Kraft gespürt – er brauchte nicht mehr nur ängstlich um Anerkennung durch andere zu kämpfen.

Lena

Obwohl Lena noch keine acht Jahre alt war, verstand sie sich darauf, ihrem Lehrer, wenn er sich umgedreht hatte, einen Radiergummi exakt auf den Hinterkopf zu schießen. Selbst wenn er sich blitzschnell umdrehte, saß sie entspannt und scheinbar teilnahmslos auf ihrem Platz. Kleine Murmeln hatte sie für derlei Übungen auch schon verwendet. Bei den Mitschülern trugen ihr solche Aktionen keine Anerkennung ein, denn das kleine und sicher zierlichste Mädchen in der Klasse brachte im Pausenhof ähnliches zuwege. Meist ging oder stand sie in der Pause alleine da. Aber sie konnte, wenn Klassenkameraden umhersprangen, so plötzlich ein Bein stellen oder einen Tritt plazieren, daß der Betroffene der Länge nach zu Boden ging und sich zuweilen übel aufschürfte.

Lenas Klassenlehrer war von großer Gestalt – wer die beiden Konfliktpartner sah, dem konnte die Geschichte von David und Goliath einfallen. Aber der Lehrer wollte nicht zu Boden gehen, und so bekam die kleine Lena das ganze humorlose Arsenal deutscher Schulstrafen und Diffamierungen zu spüren, was ihren Kampfgeist allerdings eher anzustacheln als zu besänftigen schien. Trotz ihrer Begabung wurde der Wechsel in eine Sonderschule durch die Schulamtmaschinerie angebahnt.

Äußerlich gesehen war die kleine Lena, die schon so manchen zu Fall gebracht hatte, alles andere als ein Haudegen. Unter den Alterskameradinnen gehörte sie, was die Körpergröße betraf, zu den Kleinsten. Sie war zierlich, ihre Bewegungen flott, organisch, zielgerichtet. Ihrer Kleidung nach gehörte sie zu den Schicken in der Klasse, sie machte mit ihren Kleidchen oft einen etwas puppenhaften Eindruck.

Für diese Art des äußeren Auftretens hatte ihre Mutter mit immer schmucker Mode gesorgt. Lena hatte – das muß man erst einmal so sagen – herzensgute Eltern. Ein Problem bestand darin, daß die Eltern meinten, sie müßten für ihr Töchterchen auch im Grundschulalter noch so sorgen, als wenn es zwei oder drei Jahre alt wäre. Lena wurde also sehr unselbständig gehalten. Sie konnte fast keine altersgemäßen Entscheidungen für sich treffen, wurde in ihren entsprechenden Initiativen eher gehindert und fühlte sich entsprechend wenig anerkannt.

In ähnlicher Weise hatte Lena, die ein Einzelkind ist, negative Erfahrungen im Umgang mit anderen Kindern gesammelt. Ein älterer Vetter hatte sie ebenfalls nicht für voll genommen und tyrannisiert. Infolge eines Umzugs der Eltern war sie als Neue in eine festgefügte Kindergartengruppe gekommen und als schüchternes Kind zum Außenseiter geworden. Immer schien sie als die körperlich Kleine auch im sozialen Zusammenspiel die Kleine zu sein, die nicht Ebenbürtige, die, die eben nicht Partner ist. So hatte Lena Strategien entwickelt, die zeigen sollten, daß sie Kraft hat und andere zu Fall bringen kann. Zu Hause lebte sie ihren Protest in störrischen Szenen der Verweigerung aus, die die Eltern verzweifeln ließen.

Auch in den ersten Wochen der Gruppentreffen saß Lena hin und wieder mit der Armbrust hinter einem Fenster des Spielhauses und hatte sich von dort insbesondere die Kotherapeutin als Zielscheibe für ihre Geschosse ausersehen. Diese versuchte auf gleicher Ebene zu reagieren, indem sie mit Lena eine Kissenschlacht begann, im vollen Schutz einer Ausrüstung mit Decken das Spielhaus eroberte oder Lena in eine Spielsituation mit anderen zu integrieren versuchte.

Für Lenas Entwicklungsprozeß in der Gruppe fallen insbesondere zwei Ereignisse auf, die für sie von nachhaltender Wirkung waren: Lena hatte sich von Anfang an für die Kleiderecke interessiert und hier wiederum besondere Vorliebe für Stöckelschuhe und große lange Kleider gezeigt. Ein langes weißes Brautkleid hatte sie sich wiederholt angezogen.

Lena

Obwohl es ihr viel zu lang war, konnte sie sich erstaunlich gut darin bewegen und war damit sogar schon auf das Spielhaus geklettert. Als eines Tages eine Prinzessinnenhochzeit in Szene gesetzt werden sollte, war Lenas große Stunde gekommen. Eigentlich war von der Gruppe schon ein größeres Mädchen als Braut auserkoren worden. Lena aber hatte sich schon längst das Brautkleid ergattert und setzte sich so entschieden dafür ein, daß sie die Braut sein wollte, daß die anderen fast keine andere Wahl mehr hatten. Die andere Kandidatin wurde auf ein späteres Mal vertröstet und der Bräutigam willigte resigniert ein. Von dieser Stunde an war Lena nicht mehr nur das kleine Hexlein oder der Kobolt, der die anderen hinterrücks ärgerte. Sie war als Mädchen anerkannt worden, konnte eine begehrte Rolle spielen, die sie einer älteren Mitgespielin in der Gruppe mit Erfolg streitig gemacht hatte. In Lena hatte etwas Gestalt gewonnen, von dem sie immer spürte, daß es in ihr ruhte, was ihr aber bisher streitig gemacht und verweigert worden war.

Trotzdem ging Lena ab und zu noch der Gaul durch. Sie hatte zwar eine neue Stellung als Partnerin, als Mädchen in der Gruppe gefunden, und ihre Art, sich mit den anderen zu streiten, war offener und direkter geworden. Zu Beginn der Baumhauszeit war es die kleine Lena, die zäh und beharrlich mit Hammer und Nägeln hantierte, um das Haus für sich und ihre Mitgespielen fertig zu bekommen. Auch das trug ihr viel Anerkennung ein. Es passierte dann, daß sie einen Jungen von der anderen Partei, der nichtsahnend war, hinterrücks mit einem kleinen Brett als Hebel vom Baumhaus herunterbeförderte. Der Junge lag unversehrt aber schreckensbleich im Busch, dann versammelte sich die ganze übrige Gruppe im anderen Baumhaus und hielt Rat ab. Lena war der Zutritt verweigert worden, und sie mußte ganz allein mit dem anderen Haus vorlieb nehmen. Als sich die Ratssitzung in die Länge zog, kam Lena ganz kleinlaut an und rief herauf: „Ich entschuldige mich". So etwas hatte man noch nie aus ihrem Munde gehört, daher wurde sie von den überraschten Kindern sofort zum Versöhnungsmahl geladen. Die Angelegenheit war bereinigt, und das war wohl ein entscheidender zweiter Anstoß dafür, daß heimtückische Aktionen bei Lena immer seltener wurden.

Mit ihrem Klassenlehrer hat Lena wohl nie so ganz Frieden geschlossen, aber man konnte von einer Art Waffenstillstand sprechen. Die sensationellen Frechheiten unterblieben. Lena wußte ja nun, daß sie ein Mädchen war, das von ihresgleichen anerkannt wurde, und daß es Jungen gab, die vor ihr Achtung hatten, nicht weil sie sie zu Boden strecken konnte, sondern weil sie sich als kompetente Braut, Baumhauskonstrukteurin und als tapfere Mitstreiterin in den Kriegen der Baumhausmenschen gezeigt hatte.

Was die familiären Verhältnisse betraf, so wurde am ehesten an der Kleidung Lenas deutlich, daß sich Veränderungen anbahnten. Das Puppenhafte an ihrer Ausstaffierung wich immer mehr einer zweckmäßigen, immer noch abwechslungsreichen und oft geschmackvollen mädchenhaften Kleidung. Das hatte damit angefangen, daß Lena beim Bemalen eines Kartonhauses ihr Kleid so zugerichtet hatte, daß sie zu Hause durchsetzen konnte, beim Einkauf der nächsten Garderobe nicht nur dabeizusein, sondern auch mitentscheiden zu dürfen, was nun gekauft werden sollte.

Lenas Eltern waren an den äußerlich sichtbaren Ereignissen der Gruppe sehr interessiert und zogen ihre richtigen Schlüsse daraus, ohne daß viel dazu beredet werden mußte. Lena kam wohl nach den Gruppenstunden sehr ausgeglichen nach Hause, sie erzählte von Freundinnen und Freunden. So machte sich eines Tages die Mutter mit Lena auf, und sie suchten bei Sportvereinen, Pfarrgemeinden und anderen Stellen nach einer weiteren Gruppe. Lena wäre wohl am liebsten in einen Judoclub gegangen. Da es den nicht gab, fand sie schließlich auch Anschluß an einen anderen Verein, was die Eltern beim Anmeldungsgespräch noch für ausgeschlossen gehalten hatten, als das Gespräch darauf gekommen war.

Lena durfte schließlich sogar in Vaters Werkzeugecke, um hier ab und zu mit Holz, Draht, Feilen und Zangen zu experimentieren. Man kann der körperlich kleinen Lena nur wünschen, sie möge die Energie, die ihr geschenkt ist, weiterhin so entschieden für sich und andere zum Segen nutzen.

Ausblick

Ausblick

Nachdem nun ausführlich von unserem gestalttherapeutischen Ansatz der Arbeit mit Kindergruppen berichtet wurde, sei abschließend die Frage gestellt, welche Konsequenzen sich aus den geschilderten Erfahrungen für die Arbeit mit Gruppen außerhalb therapeutischer Angebote – also in Kindergärten, in Schulen und im Freizeitbereich ergeben könnten.

Bevor ich auf diese einzelnen Bereiche zu sprechen komme, möchte ich zusammenfassend noch einmal auf die von mir dargelegte Haltung des Erwachsenen dem Kind gegenüber hinweisen. Nur das Entwickeln einer angemessenen inneren Haltung kann für Eltern, Erzieherinnen und Lehrer der entscheidende Ausgangspunkt ihres Verhaltens den Kindern gegenüber sein. Gemeint ist Achtsamkeit, die versucht, das Kind als Gegenüber zu achten, die frei macht vom Druck der Erwachsenen und den daraus resultierenden Ängsten und Aggressionen. Eine solche Haltung wird sich bemühen, gängige Wahrnehmungsschablonen mutig beiseite zu lassen und – weil davon leer – dem Kind voller Hoffnung zu begegnen. Damit wird ihm Raum für seine schöpferische Kraft und Vertrauen in seine autarke Entwicklung gegeben.

Gestalt-Gruppentherapie mit Kindern

Raum entsteht durch Roden, sprachgeschichtlich lassen sich beide Worte aus der gleichen Wurzel ableiten. Häufig wurde Roden in der Pädagogik so interpretiert, daß die „Unartigkeiten" des Kindes ausgerodet werden müßten. Wir beginnen an anderer Stelle, nämlich mit der Rodung beim Pädagogen, das heißt bei uns selbst, nämlich im Blick auf die unkontrollierten Gefühle und das unreflektierte Machtverhalten dem Kind gegenüber. Wenn wir anfangen, in unserem eigenen Dickicht zu roden, schaffen wir Raum, in dem sich Kinder entfalten können. Wir beziehen diesen pädagogischen Ansatz in gleicher Weise auch auf das Thema Lernen. Es ist nicht allein die Lernfähigkeit der Kinder gefragt, die ja ohne Zweifel vorhanden ist und sich oft allzu willig den Vorgaben der Erwachsenen beugt. Erziehung wird von uns als ein Prozeß, eine Entwicklung gemeinsamen Lernens verstanden, in dem Lernfähigkeit und Lernbereitschaft der Erwachsenen in gleicher Weise von Bedeutung sind.

Zunächst möchte ich versuchen, Erfahrungen unserer therapeutischen Gruppenarbeit auf die Praxis im Kindergarten zu übertragen. Dort konnte ich oft beobachten, wenn es um das Problemverhalten eines Kindes ging, daß die Erwachsenen Gefahr liefen, sich auf die Auffälligkeiten eines schwierigen Kindes zu fixieren. Ihre Wahrnehmung engte sich ein auf das auffällige Verhalten – auf die Eskapaden und Aggressionen des Kindes. Anderes Verhalten wurde nicht oder kaum registriert. Das Kind spürte, wie es mit seinen negativen Energien die Erwachsenen fesseln konnte. Dadurch konnte sich das schwierige Verhalten des Kindes weiter verstärken. Das Kind kam sich endlich wichtig und ernst genommen vor. Es würde die Aufmerksamkeit verlieren, wenn es unauffällig würde.

Eine Veränderung kann sich erst einstellen, wenn wir diese Fixierungen loslassen – wenn wir beginnen, unsere Wahrnehmungen für das Kind in allen seinen Äußerungen zu er-

Ausblick

weitern und gerade auch den normalen und häufig kreativen Verhaltensweisen Beachtung schenken. Nur wenn wir den ganzen Kontext des Kindes wahrnehmen, verlassen wir unser eigenes Eingeengtsein und geben uns und dem Kind Raum für Entwicklung. Es gibt auch methodische Möglichkeiten, die mich den Weg zu einer erweiterten Sicht leichter finden lassen, wie zum Beispiel die Gestalttechnik des leeren Stuhles. Auch wenn es wichtig erscheint, diese Methoden in Seminaren von Grund auf mit der entsprechenden inneren Haltung einzuüben, möchte ich auf die Möglichkeit hinweisen, wie wir vielleicht damit beginnen können. Sie sollten sich zu diesem Zweck mindestens eine halbe Stunde Ihrer freien Zeit nehmen, aber diese Zeit kann wichtiger sein, als die Vorbereitung eines Vormittages oder eines Elterngespräches. Ich setze mich also hin, verabschiede mich von der Hast des Tages, entspanne mich körperlich und habe mir gegenüber einen leeren Stuhl aufgestellt. Auf diesen Stuhl setze ich in meiner Phantasie das schwierige Kind und blicke zu ihm hin. Indem ich es allein als Gegenüber habe, registriere ich meine eigenen Reaktionen. Welche Gefühle löst das Kind in mir aus? Ich versuche weder meine Gefühle noch das Kind zu bewerten. Ich registriere meine Phantasien und Gedanken zu diesem Kind, vielleicht sehe ich nun in Ruhe Verhaltensweisen, die ich bisher übersehen habe, vielleicht kann ich mir im Detail anschauen, wie sich das Kind in dieser oder jener Situation, diesem oder jenem anderen Kind gegenüber verhält. Ich lasse mir für diese wertfreien Wahrnehmungen Zeit, die ich in der Hektik der Tagesarbeit nicht habe. Vielleicht spreche ich zwei, drei Sätze zu dem Kind und schließe damit die Betrachtung ab. Ich kann mich dann aber auch auf den Stuhl des Kindes setzen, ich bin das Kind, versuche mich einzufühlen und blicke zur Erzieherin (die ich sonst bin) hinüber, die auf dem anderen Stuhl sitzt.

Was spielt sich an Impulsen in mir (dem Kind) ab? Wie

erlebe ich als Kind das Verhalten oder den Anblick der Erzieherin? Was möchte ich als Kind zu meiner Erzieherin sagen?

Wenn ich mir auf diese Weise Zeit für das schwierige Kind nehme, werde ich am nächsten Morgen besonders achtsam sein können, wenn ich das Kind wiedersehe. Ich werde etwas von seinen Aktivitäten verstehen, ich habe ihm in mir Raum gegeben, sein Bild ist weiter geworden und davon wird das Kind etwas spüren.

In den Kindergärten haben sich aus meiner Sicht in der jüngsten Zeit Entwicklungen angebahnt, die in die Richtung gehen, den Kindern mehr Freiräume zu lassen. Nicht die adretten Bastelarbeiten, die Besucher und Eltern erfreuen, sind entscheidend. Man könnte auch im Kindergarten Materialangebote mit Decken, Seilen, mit Kleidern und Märchenkostümen zum Verkleiden, mit Brettern und Latten und vielen anderen Dingen bereitstellen, mit deren Hilfe Kinder sich ihren Phantasien entsprechend einrichten können. Die Erzieherin wird zur Beobachterin und Beraterin. Die Kinder bekommen eine Art »Insel«, einen Freiraum, in dem sie sich frei entfalten können, jenseits der Welt der Manipulation durch Leistungserwartung, Medien, Kommerz, Straßenverkehr und anderes mehr.

Schwieriger erscheint die Realisierung des raumgebenden Ansatzes für Lehrerinnen in Grundschulen zu sein. Aber auch hier lassen sich Freiräume, »Inseln« schaffen. Nicht selten werden freie Schulinitiativen durch schwierige Schüler noch mehr belastet als die öffentlichen Schulen. Denn oft fällen Eltern die mit Hoffnung getränkte Entscheidung, ihr schon gekennzeichnetes, schwieriges Kind lieber einer freien Schule als dem engen staatlichen Schulsystem anzuvertrauen.

Vielleicht gibt es für solche Schulen die Möglichkeit, Vorgruppen oder Einstiegsgruppen einzurichten, in denen die Kinder erst einmal einen vergleichbaren Prozeß der Gestaltfindung durchleben können wie in der Therapiegruppe. Ein solcher

Ausblick

Vorspann hätte den Vorteil, daß Lehrerinnen wie Kinder sich nicht ein Jahr lang mit einem Prozeß der Selbstorganisation abquälen müssen. Die durch die frühe Sozialisation im Blick auf die Entfaltung eigener Lernprozesse deformierten Kinder können in ihrer Entwicklung soweit kommen, daß sie ihre Neugier, Kreativität und Authentizität wieder entdecken und fähig werden, sich von vornherein ohne die üblichen emotionalen Blockaden selbständig zu entfalten. Solche Vorgruppen darf man nicht mit dem verwechseln, was im staatlichen Schulbereich als Vorschulklasse bezeichnet wird. Ein sinnvolles Anliegen wird dort ins Gegenteil pervertiert, weil die Gruppenarbeit mit den Kindern als Training im Werkbereich, im feinmotorischen Bereich und im Blick auf traditionelles schulisches Ein-Weg-Kommunikationslernen angelegt ist. Vorschule als ganzheitlicher Gestaltfindungsprozeß könnte dagegen zur Grundlage für weiteres gemeinsames authentisches Leben und Lernen in der Grundschule werden.

Wenn wir nach weiteren Möglichkeiten suchen, um altersgemäßes Lernen mit Grundschulkindern im bestehenden Schulsystem zu praktizieren, stoßen wir auf die bekannte Möglichkeit, durch Projektarbeit selbständige Arbeitsprozesse der Kinder zu ermöglichen. Projektarbeit betont durch übergeordnete Themenbereiche nicht nur das ganzheitliche Lernen, sondern versucht auch, den Erlebens- und Erfahrungsbereich der Kinder verstärkt mit in die Lernprozesse einzubeziehen. Die Kinder können initiativ werden und ansatzweise beginnen, ihre Vorhaben selbst zu organisieren. Davon kann wiederum der Lehrer profitieren und lernen. Jahreszeitliche Bezüge, Heimat- bzw. Sachkundethemen, berufsbezogene Tätigkeiten (z.B. einfaches Drucken, Herstellen anschaulicher Rechenmaschinen, Fotoarbeiten und anderes) und damit verbundene Exkursionen können den Unterricht lebendiger machen. Das sind eigentlich Anregungen, wie sie schon seit 100 Jahren gegeben werden.

Das am häufigsten dagegen gesetzte Argument, Lehrpläne ließen solche Unterrichtsformen nicht zu, läßt sich leicht als Schutzbehauptung entlarven, die gegen jede Veränderung gerichtet ist. Denn es sind oft Schulämter, die im Umgang mit Plänen mehr Großzügigkeit signalisieren, als Lehrer und Rektoren vor Ort. Nicht selten wird diese altersgemäße Art des Lernens dadurch boykottiert, daß allzu ehrgeizige Eltern die Zukunft ihres Kindes gefährdet sehen, wenn es nicht in stupider Weise auf Rechtschreibung und Einmaleins getrimmt wird. Aber hier schließt sich der Teufelskreis. Eine Gesellschaft, die Kinder als machtlose Minderheit behandelt, und die nicht fähig ist, ihre eigenen humanen Fundamente ernst zu nehmen, indem sie Bereitschaft zeigt, mit und von den Kindern zu lernen, kann Schule nur als Zwangsinstitution realisieren. Notwendige Ressourcen für Erneuerung und Entwicklung werden damit zugeschüttet.

Der dritte Bereich, dem ich mich in diesem Ausblick zuwenden möchte, sind die Eltern. In den Kontakten mit den Eltern der Therapiegruppenkinder konnte ich feststellen, wie aus anfänglichem Erstaunen über die Art der Gruppenführung allmählich mehr Verständnis für das Verhalten und die zuvor nicht wahrgenommenen Stärken und Fähigkeiten ihrer Kinder wuchs. Doch wenn, wie Rückmeldungen bestätigten, die soziale Kompetenz der Kinder in Familie und Schule sich gebessert hatte, so gab es neuen Grund zur Klage – Kinder liefen Gefahr, mit ihrer neu erworbenen Kompetenz anzuecken. So wollten manche Kinder einige ihrer Hausaufgaben nicht mehr machen. Überhaupt gingen die Kinder souveräner mit den Aufgaben um, so daß sie zum Beispiel etwas nicht gleich oder in der geforderten Form abliefern wollten. Dafür gab es manchmal nicht verlangte kreative Zusatzleistungen von den Kindern! Da Hausaufgaben ein Dauerbrenner in den Klagen der Eltern von Schulkindern sind, entwikkelte sich die Idee einer Nachmittagsgruppe für Grundschul-

Ausblick

kinder, die Eltern organisieren könnten. Der Sinn dieser Gruppe wäre, den Kindern einen Freiraum zu schaffen, der nicht durch Programmpunkte wie Sportverein, Musikschule, Ergotherapie, Freundesbesuch und andere Pflichten und Erfordernisse durchstrukturiert sein dürfte. Im Gegenteil sollten die Kinder ihre natürlichen Potentiale, ihre Neugier, ihre Ideen entwickeln können und ihre Lernmöglichkeiten selbst in die Hand nehmen. Die Initiativen für selbstorganisiertes Spielen und Lernen in der Gruppe sind zunächst nicht als Hausaufgabenzirkel gedacht. Vielleicht könnten diese Gruppen auch zu einer Art Freiraum im verplanten kindlichen Alltag werden. Eine solche »Insel« wäre ein freies Lernfeld für beide – die Kinder würden Raum und Materialien bekommen, um zu experimentieren, um sich zu erproben, um eigene Kräfte und ihre schöpferischen Potentiale zu entfalten, und die Eltern könnten lernen, das Tun ihrer Kinder wertfrei wahrzunehmen. Eltern hätten die Möglichkeit die Neugier und Kreativität ihrer Kinder zum Anlaß zu nehmen, eigene Wahrnehmungen und Konzepte im Umgang mit ihren Kindern zu überprüfen und vielleicht das Zusammenleben punktuell zu verändern. Ausgangspunkt könnte ein Zimmer mit Materialmöglichkeiten sein, wie wir es weiter oben ausführlich geschildert haben. Solche Materialien lassen sich ohne großen Kostenaufwand sammeln oder anschaffen. Weg von allem vorgefertigten Spielzeug und hin zu möglichst einfachen Materialien sei als Richtung angezeigt. Wenn dieses Zimmer ergänzt werden könnte durch ein Stück Erde in der Nähe des Wohnblocks, ideal natürlich wäre etwas wie ein unbenutzter Schrebergarten, sind die äußeren Ausgangspunkte für das Vorhaben schon fast perfekt.

Wie bei jedem Projekt gehören die Schwierigkeiten am Anfang dazu, um durch das Gestrüpp der Widerstände Kraft zum Gelingen des Vorhabens zu sammeln.

Einige Kinder könnten den ungewohnten Freiraum dazu

benutzen, um zunächst über die Stränge zu schlagen und mit Chaos zu reagieren. Wie ich in diesem Buch aufzuzeigen versucht habe, werden sich aus dem Chaos neue und ungewohnte Ordnungen herauskristallisieren, wenn wir Geduld walten lassen. Es ist auch nicht angeraten, gleich in den ersten Wochen oder Monaten einen Motivationsschub für das Lernen oder womöglich sogar für die Hausaufgaben zu erwarten. In jedem Falle wird bei den Kindern Einsicht und ein Gefühl für das soziale Miteinander wachsen. Das Kind wird Freude an eigenen Spielideen, an Lösungen im Umgang mit dem Material entwickeln, es wird den Gestalten der eigenen Psyche, dem Drachen, dem Löwen und der Prinzessin und dem Helden oder König begegnen, sich mit ihnen auseinandersetzen und damit sich selbst entdecken und schätzen lernen. Im weiteren kann es dann freiwerden zur eigenen Lern- und späterer Lebensgestaltung.

Für die geschilderte Initiative könnte es sinnvoll sein, einen Gesprächspartner zu finden, der nicht zu den Eltern gehört, und daher Distanz hat, der aber den Ansatz bejaht, und so von außen mit seiner Wahrnehmung die Eingeengtheiten der Eltern ausgleicht und mit einer Portion professionellen Wissens Rede und Antwort geben kann. Denn die Probleme von Kindern und mit Kindern werden nicht gelöst, wenn wir sie ständig nur an andere weiterschieben. Die Eltern an die Schule, Lehrer an die Eltern, beide an eine anonyme Gesellschaft und deren Störfaktoren. Lebensqualität für Kinder kann durch ein gemeinsames, phantasiereiches Engagement geschaffen werden, das allen Beteiligten zugute kommt.

Bilder aus den Gruppen

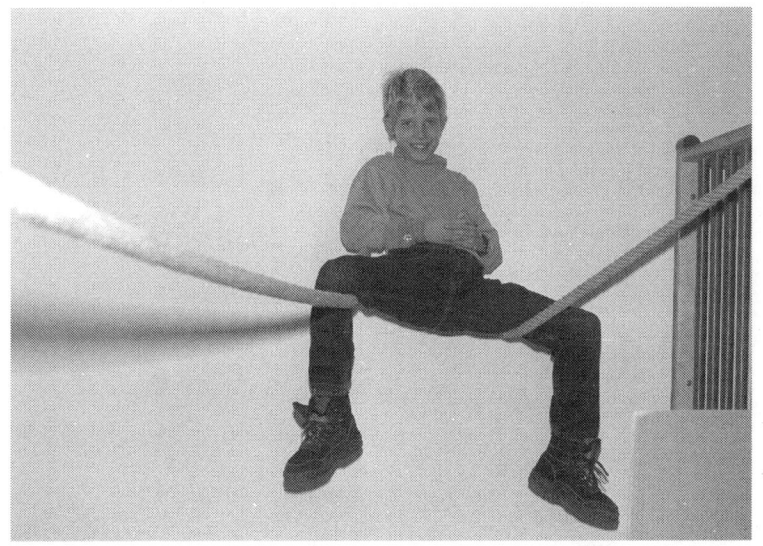

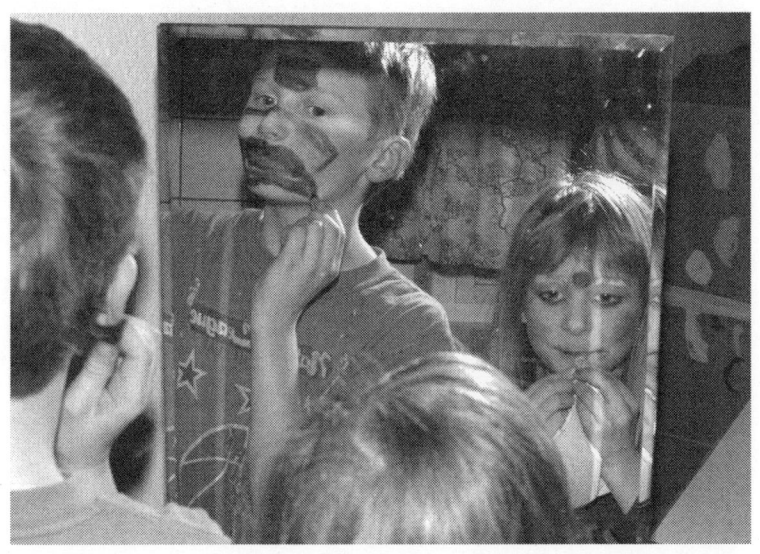

Katzentheater

Erfahrungen mit Lehm und Ton

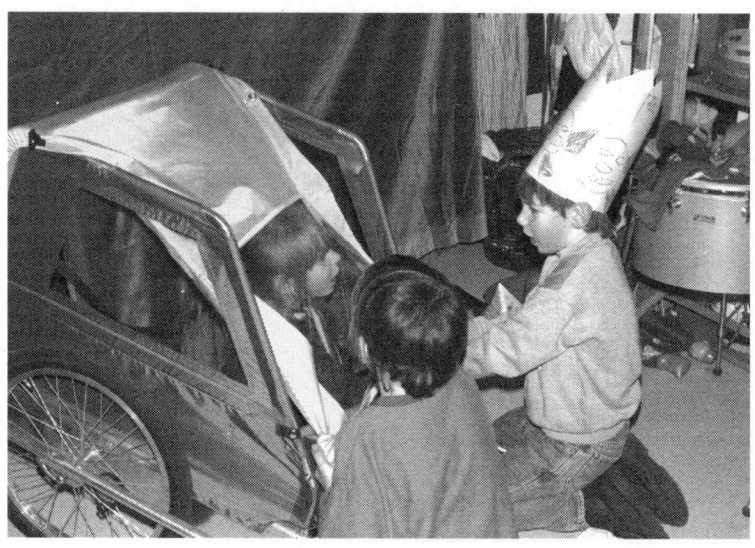

Eine Ausfahrt wird geplant

Der König und der Räuber

Besuch am Königshof

In der Küche

Freies Werken

Feuer

Abschluß

Anmerkungen

1. vgl.: V. Oaklander, Gestalttherapie mit Kindern und Jugendlichen, Stuttgart 1982
2. siehe H.v.Hentig, Guernavaca oder Alternativen zur Schule, Stuttgart 1970
3. siehe Keeney, Seite 12
4. siehe Castaneda, Die Kunst des Pirschens, Seite 154
5. Baumgardner 1990, Seite 38
6. Äußerung von Katharina Martin, Erziehungsseminar 1992
7. A. Portmann, zitiert nach Wyss 1970, Seite 248
8. siehe Zulliger 1972
9. siehe D. Rahm und andere 1993, Seite 181
10. siehe Miller 1979, Seite 23
11. siehe Wild 1991, Seite 53
12. J.C. Pearce 1994, Seite 134
13. J.C. Pearce 1994, Seite 134
14. Bettelheim 1980, Seite 10
15. Jacoby, Jenseits von begabt und unbegabt, Seite 28
16. Wild, Sein zum Erziehen, Seite 52
17. Wild, Sein zum Erziehen, Seite 188
18. Nr. 35/94, Seite 40
19. W. Wundt, zitiert nach Bühler 1971, Seite 24
20. Bühler 1971, Seite 30
21. Bühler 1971, Seite 30
22. Pearce 1994, Seite 205
23. Bettelheim, 1980, Seite 13

24. Bettelheim 1980, Seite 15
25. Campbell 1990, Seite 31
26. Baumgardner 1990, Seite 26
27. Baumgardner 1990, Seite 28
28. Baumgardner 1990, Seite 29
29. Baumgardner 1990, Seite 38
30. A. Miller 1980, Seite 317
31. Krishnamurti 1992, Seite 88
32. Krishnamurti 1988, Seite 121
33. Krishnamurti 1988, Seite 164
34. Krishnamurti 1988, Seite 164
35. Perls 1972, Seite 53
36. Krishnamurti 1992, Seite 139
37. Krishnamurti 1988, Seite 133
38. Baumgardner 1990, Seite 124
39. Baumgardner 1990, Seite 55
40. zitiert nach Rouselle 1985, Seite 11
41. C. Braun 1985, Seite 51
42. Baumgardner 1990, Seite 55
43. Laotse, zitiert nach Rouselle 1985, Seite 46
44. Altes Testament, Buch Jesus Sirach 30,1
45. Campell 1993, Seite 116
46. Claudia Braun 1985, Seite 136

Literatur

Bach, Eduard: Gesammelte Werke, Grafing 1989
Bach, Eduard: Heile Dich selbst mit den Bachblüten, Grafing 1989
Bettelheim, Bruno: Kinder brauchen Märchen, München 1980
Bühler, Charlotte: Das Märchen u. die Phantasie des Kindes, München 1971
Braun, Claudia: Buddhismus u. Erziehung, Wien 1985
Campbell, Joseph: Mythen der Menschheit, München 1993
Fromm, Erich: Märchen, Mythen, Träume, Hamburg 1981
Hentig, Hartmut von: Guernavaca oder Alternativen zur Schule, Göttigen 1970
Jacoby, Heinrich: Jenseits von begabt und unbegabt, Hamburg 1991
Jung, C.G.: Archetypen, München 1990
Kast, Verena: Märchen als Therapie, München 1989
Keeney, Bradford P.: Konstruieren therapeut. Wirklichkeiten, Dortmund 1987
Krishnamurti, Jiddu: Antworten auf Fragen des Lebens, Freiburg 1992
Krishnamurti, Jiddu: Erziehung zur Kunst des Lebens, Heidelberg 1988
Martin, Katharina: Gestaltseminare 1989-93, Buchenbach/Brsg (nicht veröffentlicht)
de Mause, Lloyd: Hört ihr die Kinder weinen, Frankfurt 1977
Miller, Alice: Das Drama des begabten Kindes, Frankfurt 1979
Miller, Alice: Am Anfang war Erziehung, Frankfurt 1980
Mussen,P; Conger, J.J., Kagan, J.; Huston: Lehrbuch der Kinderpsychologie , Stuttgart 1993

Naranjo, Dr. Claudio: Gestalt – Präsenz Gewahrsein Verantwortung, Freiamt 1996
Neumann, Erich: Ursprungsgeschichte des Bewußtseins, München
Pearce, Joseph Chilton: Der nächste Schritt der Menschheit, Freiamt 1994
Perls, F.S.; Hefferline, R.F.: Gestalttherapie, Lebensfreude u. Persönlichkeitsentf., Stuttgart 1979
Perls, F. : Grundlagen der Gestalttherapie, München 1976
Perls, F.; Baumgardner,P.: Das Vermächtnis der Gestalttherapie, Stuttgart 1990
Piaget, Jean: Das moralische Urteil beim Kind, Stuttgart 1983
Rahm, D.; Otto,H.; Bosse, S. u. Ruhe-Hollenbach, H.: Einführung in die integrative Therapie, Paderborn 1993
Rouselle, Erwin: Führung u. Kraft aus der Ewigkeit (Laotse: Tao-te-King), Frankfurt 1985
Der Spiegel: Schulen erproben neue Lernmodelle, Hamburg 1994, Heft 35, S. 40 ff
Wild, Rebeca: Erziehung zum Sein, Freiamt 1996
Wild, Rebeca: Kinder in Pesta, Freiamt 1993
Wild, Rebeca: Sein zum Erziehen, Freiamt 1995
Wyss, Dieter: Die tiefenpsychologischen Schulen, Göttingen 1970
Zulliger, Hans: Heilende Kräfte im kindlichen Spiel, Frankfurt 1972

Zum Autor

Johannes Franck wurde 1936 in Dresden geboren. Nach Zerstörung der elterlichen Wohnung durch den Bombenangriff 1945 wuchs er in Franken auf. Von 1956 bis 1961 studierte er unter anderem in Heidelberg, Zürich und Berlin evangelische Theologie (Schule von K. Barth). Danach arbeitete er als Pfarrer in der kirchlichen Kinder-, Jugend- und Erwachsenenbildung. Von 1966 bis 1971 Psychologiestudium in Würzburg. 1972 bis 1980 war er Fachhochschullehrer (Professor) in Freiburg/Brsg. Ab 1977 absolvierte er eine Ausbildung in Integrativer Gestalttherapie am Fritz Perls Institut, Düsseldorf. Danach besuchte er über mehrere Jahre hinweg Gestaltseminare bei Katharina Martin. Seit 1983 leitet er ein Beratungszentrum des Ortenaukreises mit Kinder-, Jugendlichen-, Familienberatung und einem Beratungsdienst für psychisch kranke Menschen. Er ist Vater von drei Kindern und baut zur Zeit mit seiner Frau ein Weiterbildungszentrum in Dresden auf.

Fortbildungen mit Johannes Franck werden zur Zeit unter anderem vom *Institut für Integrative Gestalttherapie* in Würzburg, Theaterstr. 2, 97070 Würzburg angeboten. Wenn Sie sich für weitere Seminare oder Fortbildungen zur Gestaltarbeit und neuen Wegen mit Kindern interessieren, wenden Sie sich bitte an den Verein: *Mit Kindern wachsen e.V.*, Am Herrwald 6, 79348 Freiamt.